Galileo Galilei

公開霊言

ガリレオの変心

心霊現象は非科学的なものか

大川隆法

RYUHO OKAWA

本霊言は、2013年4月25日(写真上・下)、幸福の科学総合本部にて、
質問者との対話形式で公開収録された。

まえがき

東野圭吾という作家は多才で異質な眼を持っているので、小説も良く売れているし、色々な映画を観ても東野原作だったりして驚くこともある。

私自身も実写2作、アニメ6作の計8作の映画の製作総指揮をしており、ストーリー原案や主題歌まで作っているので、その気になれば映画評論家になれるかもしれないほどテイストは持っている。

東野作品は「ガリレオ・シリーズ」からブレイクして、あれよあれよという間に有名になってきたが、電気工学やエンジニア的な眼を持っているので、アメリカで流行しているサイエンス・フィクション的な人気テレビドラマ、映画に肉薄《にくはく》できるのだろう。最近の映画では『プラチナデータ』なども、ハリウッド映画に匹敵する出来だった。

私の8作目の映画『神秘の法』も、この四月にアメリカ・ヒューストン国際映画祭で日本の長編アニメ映画としては初の「スペシャル・ジュリー・アワード」を受賞したが、日本の映画や小説が世界性を持つということは大切だ。「ガリレオ・シリーズ」は物理学的実験で種明かしをするので、二次元的な活字よりも、三次元的テレビドラマや映画は一層印象的で面白い。私もそれは大いに認めている。

ただし、唯物論の片棒をかつぐのには限度がある。私は日本を中国のような宗教弾圧の国にはしたくない。霊魂の存在は百%である。人間は頭脳で考えているのではなく、あくまでも「心」（魂の中心）で考え、脳をコンピュータがわりに使っているだけだ。心霊現象には一部インチキ・詐欺まがいのものもあるが、真実のものもある。「唯物論・無神論」が完全な真理であるなら、世界の歴史上の宗教も、今現在の宗教も詐欺の仲間になるが、世界の常識はそうではない。映画『コンタクト』の中のセリフでも使われていたが、世界の九十五％は神の存在を信じており、神を信じていない人を人類の代表として宇宙に飛行士として出すことさえタブーなのだ。宇宙飛行士の多くが実際に神を体感し、現役引退後、宗教家や神秘家に転向することも多い。「神が存在」するなら、霊界も霊も存在するのだ。私もこの存在証明のため、のべ千冊以上の書物を全世界で発刊し、累計読者数は日本の総人口の何倍かもわからない。「現在の科学の常識」を「疑う」ことも「科学」なのだ。この意味での『ガリレオの変心』を熟読される読者が数多く出ることを願っている。

二〇一三年　五月一日

幸福《こうふく》の科学《かがく》グループ創始者兼総裁《そうししゃけんそうさい》　大川隆法《おおかわりゅうほう》

公開霊言　ガリレオの変心　目次

公開霊言《れいげん》　ガリレオの変心

――心霊現象は非科学的なものか――

二〇一三年四月二十五日　ガリレオ・ガリレイの霊示《れいじ》

東京都・幸福の科学総合本部にて

2

5　「霊界科学《れいかいかがく》」を開くために必要なこと　87

「霊言現象《れいげん》」とは、あの世の霊存在の言葉を語り下ろす現象のことをいう。これは高度な悟《さと》りを開いた者に特有のものであり、「霊媒現象《れいばい》」（トランス状態になって意識を失い、霊が一方的にしゃべる現象）とは異なる。外国人霊の霊言の場合には、霊言現象を行う者の言語中枢《ちゅうすう》から、必要な言葉を選び出し、日本語で語ることも可能である。

なお、「霊言」は、あくまでも霊人の意見であり、幸福の科学グループとしての見解と矛盾《むじゅん》する内容を含《ふく》む場合がある点、付記しておきたい。

公開霊言《れいげん》　ガリレオの変心

――心霊現象は非科学的なものか――

二〇一三年四月二十五日　ガリレオ・ガリレイの霊示《れいじ》
東京都・幸福の科学総合本部にて

ガリレオ・ガリレイ（一五六四～一六四二）

イタリアの物理学者、天文学者。木星の四つの衛星や金星食、太陽の黒点などを発見し、一六一〇年に『星界の報告』を発表。これがコペルニクスの地動説を証明するものであるとして、一六一六年に異端審問《いたんしんもん》裁判にかけられる。いったん、無罪となったものの、一六三二年に地動説の解説書である『天文対話』を発表したことで、再び宗教裁判にかけられ、投獄《とうごく》された。その業績から「天文学の父」と称《しょう》され、科学的手法の開拓《かいたく》者の一人としても知られる。

質問者　里村英一《さとむらえいいち》（幸福の科学専務理事・広報局担当）

綾織次郎《あやおりじろう》（幸福の科学理事　兼《けん》「ザ・リバティ」編集長）

近藤海城《こんどうかいじょう》（幸福の科学大学　設立準備室　教務担当局長）

※現在、幸福の科学大学（仮称）は、二〇一五年開学に向けて設置認可申請予定。

［※質問順。役職は収録時点のもの］

1 「ガリレオの霊言《れいげん》」を収録する背景

人気ドラマの影響《えいきょう》で広まっているガリレオの名前

大川隆法　今日は科学者の霊言《れいげん》を録《と》ろうかと考えています。それは、「最近、テレビ等で、ガリレオの名前を聞くことが多くなってきている」と感じるからです。

今、流行《はや》りの作家の一人である東野圭吾《ひがしのけいご》さんが、「ガリレオシリーズ」という小説を書いていて、かなりのベストセラーになっているのですが、それが、連続もののテレビドラマとして放映され、映画にもなりました。また、この春には、四月から新シリーズがテレビドラマで放映されております。

夜遅《おそ》くまで勉強や仕事をしており、テレビを観《み》る暇《ひま》もないために知らない人もいるかもしれませんけれども、そういう背景があって、ガリレオの名前が知られてきているわけです。

もちろん、ガリレオが話題になること自体は別に構いません。ガリレオという名前は、いちおう科学者の代表的な名前として使われているのでしょう。

ただ、問題があります。

この作品には、登場人物として、湯川学《ゆかわまなぶ》という帝都《ていと》大学理工学部の准《じゅん》教授が出てくるのですが、この、湯川秀樹《ひでき》をイメージしたような名前の人が天才物理学者という役柄《やくがら》になっています。ドラマでは、この人が、女刑事《けいじ》から、怪《あや》しげな超常《ちょうじょう》現象や心霊現象絡《がら》みの殺人事件等の相談をいろいろと受け、物理学的にそれを究明する、あるいは、その嘘《うそ》を見破るわけです。

そういうものは、古くは、「シャーロック・ホームズ」のころからありましたし、アメリカで言えば、「Xファイル」等のドラマにも、そういう傾向《けいこう》はあったと思います。最近のアメリカの刑事ドラマでも、「心霊現象・超常現象」対「科学」を取り上げているものが数多くありますので、流行に則《のっと》ったものだとは思います。

さて、このドラマで湯川准教授という天才物理学者役を務めるのが、以前、NHKの大河ドラマ「龍馬伝《りょうまでん》」で主役の坂本龍馬を演じていた福山雅治《ふくやままさはる》さんです。ご存じのとおり、人気のある方です。

また、前作（第1シーズン）のドラマでは、柴咲《しばさき》コウさんが、キンキン声のヒステリーで騙《だま》されやすいタイプの女性刑事を演じており、異色の組み合わせで人気はあったのですが、春から始まった新作（第2シーズン）のドラマでは、この人を無理やり降ろして、吉高由里子《よしたかゆりこ》さんを採用しています。彼女は、「帝都大学法学部卒の才媛《さいえん》の警部補」という設定ではありますが、才媛のわりにはコロッと心霊現象にはまっていくため、湯川准教授が物理学的に証明しながら、そのインチキを暴《あば》くという展開になっています。

そういう感じのドラマが始まっていて、現在、二十パーセント台の視聴率《しちょうりつ》を得ているようです。

日本人にある、「物理学は霊魂《れいこん》を否定する」という刷り込《こ》み

大川隆法　しかし、そのテーマの扱《あつか》い方として、「物理学とは、心霊《しんれい》現象や超常現象などとは対極にあって、そのインチキを暴くものなのだ」という感じでつくられておりますので、あまりフィーバーしすぎると、私ども幸福の科学も、やや被害《ひがい》を被《こうむ》る面があるように思います。
ただ、当会のほうは神経が〝切れて〟おり、今、「霊界《れいかい》の実証」を謳《うた》って、『霊言集』の広告を、いろいろな新聞に出しまくっておりますので、タイミング的には、違《ちが》う種類のウェーブがぶつかり合っている状態なのではないでしょうか。

こういう場合、あちらがあまりフィーバーしますと、「湯川准教授風の〝天才〟物理学者を引きずり出してきて、何とかして、この霊言なる〝インチキ現象〟を暴きたい」という動きが出てきてもおかしくはないと思います。

また、「そういうものは、全部、霊感商法だ」と信じ込《こ》んでいる刑事などがいれば、そういう人のなかから、「霊感商法や詐欺《さぎ》商法で幸福の科学を追い詰《つ》めたい」という気持ちを持っている人が出てこないともかぎりません。

そこで、これを一方的に走らせないよう、当会としても、少しはカウンターを撃《う》ち込んでおいてもよいでしょう。一発で〝ノックアウト〟するところまでは行かないにしても、多少、〝フック〟を入れて、足をよろめかせるぐらいのことは、やっておいてもいいのではないかと思います。

なお、東野さんは、こういう「心霊現象のトリックを暴く」という小説で儲《もう》けておりますけれども、逆に、心霊現象を認めるようなかたちの小説も書いて儲けています。例えば、『秘密』という、幽体離脱《ゆうたいりだつ》して母と娘《むすめ》の魂《たましい》が入れ替《か》わる現象を書いた作品もあり、これは、広末涼子《ひろすえりょうこ》主演で映画化もされ、ヒットしました。

ちなみに、今の「ガリレオシリーズ」では、吉高由里子さんが相手役を演じておりますけれども、家内を連れて歩きますと、ときどき、「吉高由里子さんに似てますね」と言われたりすることもございますし（会場笑）、「小学校時代は、広末涼子に似ていた」という説もございます。

確かに、広末さんは高知県出身なので、徳島県出身の家内と〝人類学的〟に似ている可能性はあるのかもしれません。

そのように、東野作品で演じている両方の女優に「似ている」と言われたことがあるそうですので、「少なからず由々しき問題である」（笑）と感じてはいます。

それはさておき、私個人は、今、名前を挙げた方々を俳優として、女優として、ある程度、評価はしていますし、決して嫌《きら》いなわけではありません。

要するに、問題なのは、「物理学というものは、『霊魂《れいこん》などは、非科学的、非合理的、非論理的な存在だ。そういうものは絶対に認めない』という考えに基《もと》づいているのかどうか」という点です。「科学であれば、霊魂などを必ず否定する」という刷り込みは、日本人全体にも、また、マスコミにも入っているとは思うのですが、「それが本当かどうか」という観点があるわけです。

私は、〝道具〟も使わず、事前準備もせずに霊言《れいげん》をしている

大川隆法　さらに、「繰《く》り返して起きる、反復可能性があるものについては、必ず、科学的原因がある」という刷り込みもあります。

ただ、そういう意味では、私の場合、繰り返し、反復的に霊言《れいげん》ができておりますので、これには、必ず原因があるわけであり、何か〝トリック〟がなければならないことになるのでしょう。

しかし、収録中の今、私は、何の道具も使っておりません。もちろん、マイクは使っておりますし、水差しぐらいは手元にありますが、道具は使っていないので、〝トリック〟を見破ろうとする物理学者にとっては残念だろうと思います。

例えば、水晶《すいしょう》の玉なり、ライトなり、何でもいいのですが、道具を使っていれば、もう少し解きやすいのでしょうけれども、道具は使わないので、やや物理学者には不利かと思いますし、私は何の事前準備もなく霊言をするのが得意なので、それも物理学者には不利に働くでしょう。

もちろん、心霊現象や超常現象を物理現象として捉《とら》え、そのトリックを暴いていくこと自体は、推理小説として面白《おもしろ》いものなので、私は否定してはいません。ただ、テレビドラマや映画に出てくるような、大がかりな実験装置までつくって検証しなくてはいけない道具を使った殺人事件などありえるのでしょうか。現実的に考えると、そこまで手の込んだ殺人は、とてもできるものではありません。

銃《じゅう》で撃つか、ナイフで刺《さ》すかしたほうが早いですから、そこまでやることはないと思うのです。

私としては、ドラマの結論のほうは、まったく気にしていないのですけれども、テレビや映画の場合、物理の実験道具をたくさん出してきて、帝都大学の理工学部系の実験を見せてくれるため、「どのように実験をやるのか」が面白くて関心を持って観ているわけです。

実は、今、教育事業の展開の一環《いっかん》として、私も物理学の勉強をやり直さなくてはいけない状況《じょうきょう》になっているのですが、物理学の参考書は難しくて、なかなか読めません。しかし、そういうドラマ等を観て、「このような現象があるのだな」ということを知り、それを前提にして物理学の勉強をすると、少し分かりやすくなるものなのです。

このように、私は、全然違うベクトルを持ってドラマを観ておりますし、心霊現象や超常現象があること自体は結論として知っているので、一切《いっさい》、揺《ゆ》らがないのです。

「科学で解明できていない領域」は依然《いぜん》としてある

大川隆法　ただ、彼らの「証明」の仕方を見ていると、何かズレがあるような気がしてしかたがありません。

このたとえがふさわしいかどうかは分かりませんけれども、例えば、相撲《すもう》取りの世界では、昔から「土俵には金《かね》が埋《う》まっている」とよく言われます。

これは、「相撲取りとして、土俵で、いい相撲を取っておれば、どんどん出世して、金も儲かる」という意味ですが、それを、まともに捉えて、「土俵を掘《ほ》ってみたけれども、金は埋まっていなかった。だから、あの話は嘘だ。証明は終わった。一丁上がり！」と言っているようなズレを感じないわけではありません。

「すべてのことは、物理化学的なもので解明できる」と思っている人もいるのでしょうが、私としては、「まだ解明できていない領域も、そうとうあるのではないか」と思っております。

そのように、今、心霊現象や超常現象を否定する意味合いで、「ガリレオ」の名前が使われているわけです。

「宗教」対「科学」の象徴《しょうちょう》となったかのようなガリレオ

大川隆法　ガリレオ自身は、「近代科学の父」とも言われている方です。彼は、コペルニクスの地動説を受けて、同じく地動説を唱えたため、教会というか、ローマ教皇庁（バチカン）から異端審問《いたんしんもん》を二回も受け、地動説を撤回《てっかい》させられます。伝記には、「二回目の審問の際に、『それでも地球は動く』と言った」と書かれていますが、この点については、「言っていない」という説が強いようです。

「彼自身には信仰心《しんこうしん》があった」と理解はされているようですけれども、おそらく、「聖書学の理解から見ると、地動説は間違っている」という、教会側からの反発もあったのではないでしょうか。

ちなみに、私が『聖書』を読むかぎり、別に、近代の天文学に反することが書かれているとは思えません。昔の人にしてみれば、目で見たとおりの印象があったのかもしれませんが、『聖書』には「地動説は誤りだ」とする内容が書かれていないにもかかわらず、そのように解釈《かいしゃく》したのでしょう。

その後、ガリレオの死から三百五十年がたった一九九二年に、「時のローマ教皇が、ガリレオに謝罪する」ということがありました。

そういう意味では、「宗教」対「科学」の対立に関連して、よく引き合いに出される方なのだと思います。

本人自身が、どういう考えを持っていたのか、本当のところは分かりませんけれども、「振《ふ》り子の法則（等時性）」や「落体の法則」等を発見し、ほかにも、望遠鏡を使って、天文学的な発見もされました。金星に満ち欠けがあることや、木星に衛星があること（ガリレオ衛星）など、さまざまなことを調べられたのです。

これらについては、教会で『聖書』の学習をしたり、修道士が瞑想《めいそう》をしたりしているだけでは分からない面もあったのではないでしょうか。

私は、必ずしも、科学者たちに否定的ではありません。

例えば、過去、ローマ教皇庁が「異端」と判断した宗教者のなかには、光の天使も数多くおりましたので、同じく間違いは多かっただろうと思いますし、こうしたことをもって、「すべての宗教が近代化を否定する」というように思われることも心外ではあります。

また、今回の質問者には、近藤さんもおりますけれども、幸福の科学大学（二〇一五年開学予定）では、理系学部の開設を試みるつもりです。ただ、物理学を絡めた未来産業学部をつくった結果、「やはり霊界はなく、霊魂もないことが証明されました」という結論になるだけでしたら、つくらないほうがよいでしょう（会場笑）。

その場合、われわれ宗教自体が〝死滅《しめつ》〟することになりますので、つくらないほうが安全だと思います。教団が終わりになるようでは大変です。

そういう意味で、今回の霊言は、バックグラウンドとして大きなテーマを含《ふく》んでいるのかもしれません。

以上、さまざまなことについて申し上げました。

事前調査をしないのは、〝謎解《なぞ》き〟を楽しむため

大川隆法　例によって、ガリレオについては、事前に調査をしておりません。「しないほうが面白い」と思い、調査していないのです。やはり、事前に知って

いたら面白くないのではないでしょうか。

光の天使として、天上界《てんじょうかい》にお還《かえ》りになっておられるかもしれませんけれども、あるいは、他の、どなたかのように〝穴蔵《あなぐら》〟のなかにおられるやら、死んだことも気づかない状態でおられるやら、まったく分からない状態です（注。一例を挙げると、ダーウィンは、その思想的誤りで人々を無神論に導いた罪により、死後、地獄《じごく》で、洞窟《どうくつ》のような場所に隔離《かくり》されていることが判明している。『黄金の法』『進化論――150年後の真実――ダーウィン／ウォーレスの霊言――』〔共に幸福の科学出版刊〕参照）。

今回の霊言収録は、今朝の八時に思いついて、理事長宛《あ》てに企画《きかく》のレターを出しただけですので、いつものように、事前には何も調べておりません。

やはり、分からないほうが面白いでしょう？　ミステリーは、解いていくことが面白いんですよ。

ガリレオは、ああいう考え方を持っていたために教会から弾圧《だんあつ》され、いちおう、自分の誤りを認めて命乞《ご》いをしたおかげで助かったけれども、幽閉されて、不遇《ふぐう》のうちに死んだわけです。こういう科学者が、今、どうなっているのか。これは、一つのミステリーですよね。これを解くのが面白いので、あえて調べないことにしているのです。

もちろん、私の場合、どんな方であっても、お呼びすることは可能ですので、これから実際に招霊《しょうれい》してみたいと思います。

物理学に対して、ぜひ、白紙の心で臨《のぞ》み、「別に反対でも賛成でもなく、真理の立場から見る」という態度で向き合っていきたいと考えています。

（質問者たちに）質問することは、たくさんあるようですね。今回は、〝オタク〟が集まっているのでしょうか（会場笑）。いえ、失礼しました。

里村　私は、テレビドラマを観ておりますので（笑）。

大川隆法　ああ、そちらのほう の〝オタク〟ですね。オッケー、分かりました。

近代科学の父、ガリレオ・ガリレイの霊《れい》を招霊《しょうれい》する

大川隆法　それでは、呼んでみます。

私には、科学的なことに対して、専門的な話ができるほどの知識はないかもしれませんけれども、概要《がいよう》については理解していると思います。

こういう科学者が四百年後にどうなっているか、関心があるところですね。

幸福の科学は、開かれた宗教として、「科学とも両立・共存《きょうぞん》できる道を拓《ひら》きたい」と考えておりますが、その点につきましても、近代科学の父と言われるガリレオ・ガリレイの霊《れい》をお呼びし、現在の心境、あるいは、考え方等についてお伺《うかが》

い申し上げたほうが、世のため、人のための啓蒙《けいもう》活動になると信じるものです。（ガリレオの霊に）宗教からは弾圧も受け、いろいろと心に傷を負っておられることもあるかと思いますけれども、どうか、私どもの願いをお受け入れくださ い。

死後四百年近くたった今、科学者の目で見て、宗教、あるいは、宗教に付随《ふずい》する心霊現象、超常現象等について、どのように考えておられるのか。日本でもブームが起きているようでございますので、これについてのお話をしてくだされば幸いに思います。

それでは、ガリレオ・ガリレイの霊を招霊《しょうれい》いたします。

ガリレオ・ガリレイよ。

ガリレオ・ガリレイよ。

近代科学の父にして、「振り子の法則」「落体の法則」等を発見し、地動説を信じておられたガリレオ・ガリレイよ。
どうか、幸福の科学総合本部に降りたまいて、われらにその見識を示したまえ。
ガリレオ・ガリレイよ。
ガリレオ・ガリレイよ。
どうか、幸福の科学総合本部に降りたまいて、われらにその見識を示したまえ。

（約二十秒間の沈黙《ちんもく》）

2　ガリレオの「あの世での生活」

「教会はあまり好きではない」という第一声

里村　おはようございます。

ガリレオ　うん？

里村　ガリレオ・ガリレイ先生でいらっしゃいますか。

ガリレオ　うー、うん、うん。

里村　私の声は、聞こえておりますでしょうか。

ガリレオ　うーん？　うーん、うん。

里村　ガリレオ先生でいらっしゃいますね。

ガリレオ　うん、うん、うん。

里村　今日は、このようなかたちで、「近代科学の父」と言われておりますガリレオ先生にお話を聴《き》く機会を賜《たまわ》りまして、本当にありがとうございます。

ガリレオ　うーん。

里村　今、現代の日本では、ガリレオ先生のお名前が、たいへんなブームというか、人気になっておりますので、そうした話や、あるいは、科学と宗教関係全般《ぜんぱん》について、いろいろとお伺《うかが》いしたいと思います。

ガリレオ　うんうん、うん、うん。

里村　ちなみに、ガリレオ先生は、こういうかたちでお話をされるのは初めてでございましょうか。

ガリレオ　うん、うん。

里村　今のご心境というか、お気持ちはどんな感じでございますか。

ガリレオ　うーん？　うーん、うーん……。

里村　例えば、心地いいとか……。

ガリレオ　うーん……。

里村　何か不思議な感じであるとか、どんなお気持ちでいらっしゃいますか。

ガリレオ　うーん、まあ、教会は、あまり好きではない。

里村　ああ、なるほど。ここは、キリスト教の教会ではございませんので、そうした部分についても、率直《そっちょく》にお話しいただいて結構かと思います。

ガリレオ　うーん。

異端《いたん》裁判が覆《くつがえ》り、ガリレオの名がキリスト教世界で解禁

里村　それでは、お伺いしたいのですけれども、まず、「今、ガリレオ先生のお名前が日本で非常に流行《はや》っている」という現象については、ご存じでしょうか。

ガリレオ　うーん。少し伝わってきている。

里村　あ、そうですか。

ガリレオ　うん。

里村　これについては、どのように思われていますか。

ガリレオ　うーん……。さっき説明があったように、ローマ法王が、異端《いたん》判断を覆《くつがえ》し、「ガリレオ裁判は間違《まちが》っていた」というのを、三百五十年後に発表してくれた影響《えいきょう》で、ガリレオがキリスト教世界でも解禁になったのかなと思う。

罪人《ざいにん》から、うーん……、まあ、聖人《せいじん》にはなっていないんだろうけども、「間違っていたわけでない」ということは認められたので、その流れのなかで、「ガリレオ」の名を挙げてくる人が出てくることは、まあ、理解できますね。

里村　なるほど。

ガリレオ　うん。

日本で人気の「ガリレオ」のコンセプトは伝わっている

里村　今、日本では、小説やテレビドラマで、「ガリレオ」というお名前を使った人気シリーズがございまして、現在、テレビドラマの新シリーズも放送中です。

ガリレオ　ああ、うーん……。

里村　その内容は、「天才物理学者の湯川学《ゆかわまなぶ》という登場人物が、さまざまな心霊《しんれい》現象や超常《ちょうじょう》現象に絡《から》んだ事件、事象について、そのトリックを暴《あば》く」というものので、今、非常に人気が出ているのですが、こういうものについて、どう、ご覧になっていますか。

ガリレオ　それは……（苦笑）。私の所にはテレビがないので（会場笑）、チャンネルをつけて見ているわけじゃない（笑）。まあ、コンセプト（概念《がいねん》）としては、伝わっていますよ。

里村　ああ、そうですか。

ガリレオ　コンセプトとしては、ちょっと分かっておりますけど、テレビ番組を、毎週楽しみに見ているわけではない（会場笑）。

君、面白《おもしろ》い質問をするけど、もう汗《あせ》をかくね（笑）。面白い質問だけど、いやあ、それはちょっと厳しいね。そうとう詳《くわ》しく見ていないと答えられないじゃないですか。

里村　例えば、こういうシリーズに、ガリレオ先生がインスピレーションを送られるというようなことはございますか。

ガリレオ　そ、それは、君ね。

里村　はい。

ガリレオ　それは、疑いすぎですよ。

里村　いえ、別に疑っているわけではありません。

ガリレオ　それは、なんか、私をもう一回、異端審問《しんもん》にかけようとしておるとしか思えないですね。

里村　いえいえ、とんでもないです。

ガリレオ　引っ掛《か》からないですね。そんな罠《わな》に引っ掛かるような……。

里村　いいえ、罠ではございません（笑）。

ガリレオ　私、経験豊富なので、絶対、もう二度と引っ掛からないですね。ああ、君、駄目《だめ》です。

天体だけでなく、「通信原理」や「電気とは何か」も研究中

綾織　「テレビはない」ということでしたけれども、あの世での生活は、どのような感じですか。どんな状態で過ごされているのでしょう？

ガリレオ　うーん、研究はしているよ。

綾織　研究をされている？

ガリレオ　うん。研究している。研究しているんだよ。

綾織　それは、やはり、物理学や、宇宙関係、天文学系の研究でしょうか。

ガリレオ　まあ、いろいろね。天体にも関心はあるけども、今、テレビの話が出たね。これは、私たちの時代にはなかったものだけど、今、電気関連で、いろんなものが発達してきているよね。

つまり、テレビやラジオから始まって、その他、通信機械の領域で……。

里村　はい。今、インターネットというかたちで……。

ガリレオ　いろんなものが、どんどん、毎年毎年、新しくなってきているよね。「これと、霊界《れいかい》における通信原理との違いは、どんなところにあるのか。これを説明できる理論がつくれないかどうか」ということを、今、一生懸命《いっしょうけんめい》、考えているのと、「そもそも、電気なるものはいったい何なのか」ということも考えているのね。

地球が持つ「物を引き付ける力」の不思議さ

ガリレオ　例えば、地球自体も磁石のはずなんですよ。「物が地球の中心部に向かって落ちる」ということから見れば、一種の磁石であることは間違いない。磁石だから、地球の中心部に向かって、どんな巨大《きょだい》な重いものであっても落ちていくし、ロケットのようにすごい噴射《ふんしゃ》力を持っているものでも、ものすごい力を出さなければ、大気圏《たいきけん》外に出るのは難しいですね。普通《ふつう》は、出られないで落ちてきます。

それだけ強い〝磁力〟を持っているけれども、あなたがたみたいな、体重何十キロか……、（里村に）あなたは、百キロを超《こ》えているかもしれないけども……。

里村　いいえ。そんなにはありません（笑）。

ガリレオ　普通の人は数十キロしかないけども、そのくらいの重さしかない人でも、足を地面から上げて、歩ける。

これだけ強い〝磁力〟を持ったものであれば、普通は、くっついたら離《はな》れないぐらいの力があるはずなのに、なぜか歩ける。歩けるけども、〝磁力〟は働いている。

この性質を、いったい、どのように説明すればいいのか。「磁石と同じように、物を引き付ける」という意味では、地球だって、月だって、木星だって、ほかの星もそうだけども、いろんな隕石《いんせき》を引き寄せて、そして、隕石が衝突《しょうとつ》したときは、それを取り込《こ》んで大きくなった。そういう事実も、過去、数多くあるわねえ。月なんかも、クレーターの〝山〟ですよね？（隕石が）たくさん当たっている。

里村　はい。

ガリレオ　だから、「引き寄せる力」は持っているはずですよ。それは磁石と変わらない。

だけども、あなたがたは、まあ百キロを超えた人は別として、そうでない人は、いちおう楽に道を歩くことができる。（地面に足が）くっつかないのは、非常に不思議ですよねえ。

「地上における通信機械の進化の可能性」に興味がある

ガリレオ　それから、目には見えない電気がいろいろと飛び交《か》っていて、今、ここに通信装置を置けば、テレビだって、ラジオだって、インターネットだって、何でもいいけれども、いろんなものを通して情報を取ることができる。

あなたがたは、それ（電波）を見ることができない。でも、機械を置けば見ることができる。そういう複雑な世界のなかに生きている。

まあ、三次元の、この世界には、想念が飛び交っている私たちの霊界《れいかい》と、ちょっと似た部分もある。

私たちは、機械を使わないのが普通ではあるけれども、例えば、「誰《だれ》かと話をしたい」と思えば、その人のことを強く念《おも》うと、まるでテレビ電話のように、その人の顔が現れてきて、話をすることができるし、その人が、直接、霊体《れいたい》としてやってくることもできる。まあ、そういう原理があるんですけどもね。三次元の世界で、今後、これがどのように進化する可能性があるのか。その霊界の法則が投影されて、進化する余地があるのか。

このへんは、非常に興味を持って見ていますね。

今、「神の法則」の一部を解明している

綾織　そうしますと、そういう「念」や「思い」というものも含《ふく》めた、物理学で言うところの、あらゆる「力」について、霊界を中心にしつつ、この世にもまたがりながら研究されている状態でしょうか。

ガリレオ　不思議なんですよね。地上にいる人は、地上の法則の研究で手いっぱいでしょう。物理学や、ほかの科学も、地上での法則の研究でしょうけども、今、

私は地上でない所におりまして、そこでも、また別に法則があるのです。

「地上でない世界の法則」と、「地上の法則」とを比べ合わせて、その関連性や、今後の可能性？　要するに、「霊界で起きているようなことを、地上に起こせる可能性が、未来にあるかどうか」という研究があるわけね。

だから、今、あなたがたが使っているテレビやラジオ、インターネットの世界の原型は、すでに霊界にはあったわけで、霊界では、機械を使わずして、そういうことができたわけなんですよね。

それは、大川さんが、いろんな方の守護霊《しゅごれい》と話したり、死んであの世に還《かえ》っている方を呼び出して話したりしているのを見れば分かると思いますが、そうした装置をつくらなくても、あの世的には、できるものもある。

ただ、こういうものを科学的に説明するのは、とても難しいですね。

人体は、機械そのものとは違うものですので、「いかなるかたちで、そういうことができるようになるのか」ということを、科学者として説明することは、なかなか困難を伴《ともな》うものではありますけども、「何らかの意味で、今、神の法則の一部を解明しているのかなあ」というふうには思っています。

だから、「何曜日の何時からドラマを放送していて、私が楽しみにテレビをつけて見ている」というわけではありませんが、「関心を持てば、想念の塊《かたまり》みたいなものがピューッとやってきて、ポンと頭に入ると、その場面が、ずーっと再現されるようなかたちで、一瞬《いっしゅん》にして、何十分かのドラマの全容が何となく分かる」というのが、こちらの世界の感じなんです。

3 「心霊《しんれい》現象」についての見解

誤解やトリックもあるが、「心霊《しんれい》現象がすべて嘘《うそ》」とは言えない

里村　少し話が戻《もど》りますけれども、例の人気小説でもあるテレビドラマのプロット（筋立て）というか、コンセプトには、「心霊《しんれい》現象や超常《ちょうじょう》現象には、必ず科学的な理由があるのだ」という言葉でもって……。

ガリレオ　うん、うん、うん。

里村　まさに物理学の知識を使いながら、要するに、「霊というものはないのだ」

という、非常に唯物論《ゆいぶつろん》的な結論に至るパターンが多いのです。それで、視聴者《しちょうしゃ》や読者は納得《なっとく》しているのですが、私たちからすると、「それだけでは説明できないものが確かにあるのだ」と言いたいわけです。

こうした、「唯物論のほうにだけ行く」という方向性に関して、ガリレオ先生は、どう思われますでしょうか。

ガリレオ　うーん。それは難しいところですよねえ。

例えば、ポルターガイスト現象なんかは、よく報告されておるんだと思うけれども、いわゆる「騒霊《そうれい》」だね。霊が騒《さわ》ぐこと。天井《てんじょう》がガタガタいったり、階段でミシミシ音がしたりした場合、科学が発達する前の時代の人だったら、「幽霊《ゆうれい》が歩いている」とか、「幽霊が騒いでいる」とか、そういうふうに考える。

しかし、いろいろ実際に調べてみたら、例えば、「近くを電車が通ったときに、地盤《じばん》が緩《ゆる》いために家が揺《ゆ》れる」ということだってあるし、「建物が古くなってるために、上の階の住人がトイレとか風呂《ふろ》とかの水を流したときに配管が揺れて、その震動《しんどう》が来ていた。下の人は上の人が何をしているかを知らないために、『ポルターガイストだ』と思う」ということだってある。そういう誤解は、歴史的には、いくらでも発見されたんだとは思います。

ただ、そうした事例があったからといって、「それで全部解明できたとは言えない」と、私は考えています。

具体的なケースとして、そういう勘違《かんちが》いは、いくらでもある。

例えば、コインとかに何人かが指で触《ふ》れて、文字盤の上を動かすやつ（コックリさん）がありますよね。あれだって、信じない人は、「誰《だれ》か一人が動かしているんだ」というふうに考えるし、まあ、そこまで行かなくても、「何か、指から出ている磁力みたいなものが影響《えいきょう》しているんじゃないか」と考える人もいれば、

「磁石みたいなものをどこかに隠《かく》し持っていて、それを操作するというトリックがあるんだ」と考える人もいる。

まあ、結論的には、それは両方あるんだろうとは思うんですよ。トリックで面白《おもしろ》がってやっている人や、あるいは、プロの詐欺師《さぎし》としてやっている人もいるとは思うんですけども、しかし、素人《しろうと》だけがやっても起きることもあるので、「それが全部、嘘《うそ》」とは言えない。

なぜ、十円玉なり百円玉なりが動くのか。

そのほかに、西洋ではテーブルターニングもありますね。テーブルが動き、テーブルの脚《あし》で床《ゆか》をコツコツ叩《たた》いて、アルファベットを教えたりするものもあるんですけども、これが嘘か本当か。「必ず誰かが机に触れている状態なのだから、無意識で筋肉が動いて、テーブルを動かしているんじゃないか」とか、いろいろと疑う人は疑うよね。だから、どっちも証明できないではいるわけだけども、どちらかと言うと、このへんのところは難しくてねえ。

「心霊《しんれい》現象」は一定の比率で起きている

ガリレオ　また、そうした心霊《しんれい》現象的なものは、信じる仲間がいるところでは起きやすくて、信じない人、疑い深い人がいるところでは起きにくいんですよね。

というのも、やはり想念の世界なので、自分に対して、すごく悪意を持っている人間や、疑いを持っている人間がいるときには、生きている人間でも、不愉快《ふゆかい》な感じはあるでしょう？　それと同じように、（霊も）「興ざめする」っていうか、「やる気が起きない」っていうかな。

つまり、そうした、テーブルターニング的な占《うらな》いみたいなものでも、それを信じている人には、そういうものをして見せたくなるけど、「信じてなくて、『嘘を見つけてやろう』と思うような人がいるところでは、サービスしたくない」っていう気持ちもあるんですね。

もし、そうした「思い」のところまでコントロールしないで、それを純粋《じゅんすい》に客観的に（テーブルターニング等の心霊現象を）見るんだったら、宗教的には、いわゆる無念無想《むねんむそう》、無我《むが》の状態みたいなものをつくれなければいけないでしょうね。「想念が影響を与《あた》える」と言うんだったら、それだって一種の法則なので、そこのところが証明できないですよね。

だから、「反対の結論に、強引《ごういん》に持っていきたい」という人がいたら、やはり、やりにくくなってくることは事実ですね。

ただ、逆に言えば、「信じやすい人は、そういうものに引っ掛《か》かる」という言い方をされる場合もある。

また、現実に、手品師というのが存在しているのも事実なので、これが存在するために話がややこしくはなるんですけどね。

私自身は、「心霊現象は、一定の比率で起きている」とは思っていますよ。それ以外に、勘違いもあれば、もちろん、トリックがある手品的なものもある。あるいは、本人が気づかないだけのこともあるかもしれないけど、「一定の比率では、起こりえるのではないか」と考えています。

霊魂《れいこん》が「非合理的、非論理的、非科学的」と証明されたか

里村　そうしますと、当たり前のことではあるのですが、ガリレオ先生は、霊魂《れいこん》や霊界《れいかい》の存在を、当然、お認めになっているわけですね。

ガリレオ　「霊魂は、非合理的、非論理的、非科学的である」ということは、証明されていないですねえ。

里村　はい。ないです。

ガリレオ　そんなものは証明されていないんです。

里村　ええ。

ガリレオ　そんなことは証明されていないですねえ。

里村　あくまで、「その時代の物理法則では説明できない現象」というだけで……。

ガリレオ　それを言うんだったら、文学だってそうでしょう?

里村　はい。

ガリレオ　「小説は、非論理的、非合理的、非科学的な存在である。だから、小説は存在しない」とは言えませんわねえ。

霊魂《れいこん》や霊的現象は、科学がない時代から存在した

里村　ところが、現代人、特に日本人には、「科学で証明できないものは存在しない」という考え方が強く入っていて、今、ガリレオ先生がお話しになっている、このような霊言《れいげん》現象についても、「インチキやトリックである」として否定する人もいるのですが、こういう見方に関しては、どのように思われますでしょうか。

ガリレオ　昔は、そういう現象を、もっと科学的に調べようとした者もいて、「部屋を真っ暗にし、暗闇《くらやみ》のなかで、メガホンにだけ色を付けて、空中のメガホンを通じて霊が語る」みたいな実験をやっていた時代もあります。今はもうやらないですけどね。

それだったら、「メガホンに口を付けていないから、（霊の）声が聞こえる」というのが分かるわけですが、現代であれば、そういう声を出す装置ぐらい、いくらでも、どこにでも仕込《しこ》めますから、もう証明にも何にもならないでしょうね。

ただ、私が死後四百年ぐらいで「科学の父」と言われても結構ですけれども、私が出る以前から、そうした霊的存在や現象は、ずーっとあるものなんです。科学がない時代から存在はしているのでね。

だから、「科学で証明できないものは存在しない」と言われても、それらは科学がない時代にも存在したものだし、哲学《てつがく》自体は、ソクラテスであろうが、プラトンであろうが、そういう霊魂の存在は認めていて、それを解明しようと努力していました。

科学で証明できたものなど「千分の一」もない

ガリレオ　まあ、領域が別なので、何とも言えないんですが、そういう霊魂なるものを、「実体のあるもの」と理解する人もいれば、それを、「単なる思弁的なもの」というか、「観念的なもの」というか、「抽象《ちゅうしょう》的なもの」というか、「考えのなかだけで存在するもの」と理解する人もいるわけね。

「実体を持って存在する」と考えるなら、それを証明してみせなきゃいけないけども、彼らは、「『つかまえて、この場で実験する』ということができないのなら、存在しない」と言うわけね。

だけど、科学でも証明できないものは、たくさんありますよ。

科学の場合、たいていは、実験道具がつくれなければ証明できませんから、「実験道具が全部揃《そろ》ったら、結論が出る」というのは、本当は嘘なんですよ。（結論が）帰納的にのみあるような言い方をするけれども、実際は、みんな結論を知っていて、実験道具を揃えてやっている。科学の場合もね。

だから、霊魂が存在することを証明できる機械をつくれるのなら、それを証明できるでしょうけど、つくれないいんでしょう？

だけど、「（証明できる機械を）つくれないものは存在しない」という言い方は、科学的に正しいとは言えませんねえ。

例えば、「日本人の科学の力をもってしては、まだ、人が月に行って、月の上を歩くことができない。ゆえに、宇宙旅行で月に行くのは非科学的である」という論理を立てても、そんなものは正しくないですよね。

それは、「今、自分たちには、有人飛行をするだけのロケットがない」というだけのことです。機械をつくれていないだけのことであって、「機械をつくれないから、そういうことはありえない」と言うのは間違いですわねえ。

このように断定していくところに、意外に、論理の飛躍《ひやく》があると私は思うね。この世の中は、もう不思議に満ちているんですよ。科学で証明できたものなんていうのは、本当に、千分の一もない。

里村　はい。

「不思議な現象」は何でも研究の対象になる

綾織　先ほど、今、ガリレオ先生が研究されている内容として、電気とか、磁力とか、あるいは思いの力とかが出てきましたが……。

ガリレオ　いや、何でもしますよ。

綾織　そうですか。

ガリレオ　例えば、「あなたのネクタイが何色だったら、あなたが、もっといい男に見えるか」とか、そんなことにだって、私は関心があるんですよ。

里村　いわゆるセンスというものも、研究対象に入っているわけですね。

ガリレオ　うん、そうそう。

里村　ああ、なるほど。

ガリレオ　（里村に）なぜ、あなたのように五十歳《さい》を超《こ》えたら、髪《かみ》の毛が白くなるのか。これも非常に不思議な現象ではあるので、これだって、「なぜかなあ？」と、やはり研究の対象になりますね。

里村　そうですね。老化という現象も、まだ、全然、解明されていません。

ガリレオ　ええ。なぜ、黒い髪が白くなることでもって、年を取ったことを周りに見せなきゃいけないのか。意味がよく分からないですよね。

それより、髪の毛が抜《ぬ》けて、落ち葉のように落ちていくだけだったら、分からないわけではない。なぜ色が変わるのか。なぜ変わらなきゃいけないのか。やはり、よく分からないところはありますねえ。

里村　はあ……。

ガリレオ　何でも不思議の対象だけど、何でも答えが出せるわけでも、証明ができるわけでもないんですね。

科学は「進んでいるもの」ではなく「遅《おく》れているもの」

綾織　これは、かなり将来的な話なのかもしれませんが、磁力とか、電気とか、あるいは、思いとか、そうした力を研究していくなかで、この地上においても、霊や霊界の存在を証明できるようになるのでしょうか。そういう未来が見えてきますか。

ガリレオ　うーん。実は、科学が進んでいるんじゃなくて、遅《おく》れているんです。あとから付いてきているんですよ。だから……。

里村　あとから？

ガリレオ　うん。すでにあるものを、あとから少しずつ少しずつ解明し、証明してきているわけで、実は遅れているんです。

現象そのものは、もう先にあるんです。すべては、先にあって、それをあとから少しずつ、「何でだろうか」と解明して、説明をつけてきているのが科学ですよね。

例えば、エジソン以前だと、電気なるものを信じる人はいなかったでありましょうけども、彼以降は、今の時代だったら、ほとんどの人が知っています。まあ、電気を使わないところもあるから、分からないかもしれないけどね。（会場に置かれているモニターを指し）あそこにだって画面があって、大川さんや、あなたがたの姿が映ったりしているけど、これを百年前の人が見たら、理解不能でしょう。こんなことは、ありえないので、何か手品をやっているか、向こう側に誰か人が隠《かく》れてやっているか、そんなふうに見えるかもしれませんね。

つまり、科学自体は、進んでいるものではなく、遅れていて、あとから付いてきているんですよ。すでに、できなきゃいけないもの、とっくに、できなきゃいけないものが、あとから、ゆっくり、できるようになってきているんです。

里村　ああ……。

ガリレオ　だから、私は、もうちょっと謙虚《けんきょ》であるべきだと思う。「分かっていることは、千分の一も、なかなか行かないかなあ」ということですね。

4　科学と宗教の「あるべき関係」

自己保身から「霊的現象《れいてきげんしょう》」を認めたがらないキリスト教会

里村　そうした、ガリレオ先生が持っておられる霊魂《れいこん》についての見方、あるいは、科学全般《ぜんぱん》についての見方を、多くの人々に、特に現代日本人に知っていただきたいと思っております。

ただ、私の理解では、ガリレオ先生が地上におられた時代、十六世紀から十七世紀にかけての当時は、物理的な研究だけではなく、霊魂の研究も含《ふく》めて、キリスト教会が蓋《ふた》をし、研究をさせないようにしていたと思います。

霊魂や超常《ちょうじょう》現象、あるいは、奇跡《きせき》の研究のほうも、ある意味では抑《おさ》え込《こ》んでいて、そのなかで、「科学が、唯物論《ゆいぶつろん》的に、物のほうだけにかかわって進歩した」と、私は理解していますし、そのように説明する人もいるのですが、当時の、そういうものに蓋をした教会について、先生はいかがお考えでしょうか。

ガリレオ　やはり、何でも、人の評判を得たり、人気が出たりして、影響力《えいきょうりょく》が出てくるものというのは怖《こわ》いですからねえ。

里村　ええ。

ガリレオ　霊的な現象は、本来、教会で起きなければいけないものだけど、教会でない所で起きたりすると、自分たちの管理下にないので面白《おもしろ》くないですよね。

里村　はい、はい。

ガリレオ　だから、「認めたくない」という気持ちが働いて、結果的には、心霊現象を認めない力のほうが強くなってくる。

やはり、人間的な仕事や保身の力のほうが働いてくるようになるわけですね。

「先入観による常識」を疑うのが科学である

ガリレオ　それから、先入観もあるわね。

例えば、「ピサの斜塔《しゃとう》から、大きい鉄球と小さい鉄球を落としたら、どっちが先に落ちるか」と言えば、普通《ふつう》の人に訊《き》けば、ほぼ百パーセント、「重いほうが先に落ちる」と言うわけですね。これは、実験しないかぎり、絶対、みな、そう思うんですよ。

アリストテレスか誰《だれ》かが言っていたように、「羽毛と鉄の玉だと、羽毛はゆっくり落ち、鉄の玉は速く落ちるから、重いものは早く落ち、軽いものはゆっくり落ちる」と考えられていました。その当時、空気抵抗《ていこう》という考え方がなかったために、アリストテレス的な考え方が二千年も続いていたし、それは常識に適《かな》うものであったわけです。

羽毛はゆっくり落ちるでしょう？　鉄の塊《かたまり》はすぐ落ちるでしょう？　重いものと軽いもの、例えば、木と鉄なら、「木のほうがゆっくり落ちて、鉄が早く落ちるだろう」と思う。みんな、これを常識的というか、先入観的には、必ず、そう考えるものです。それを実験もしないで疑わない人が、ほとんどであるわけですよね。

私は、「そういうものを、あえて疑うことが科学だ」と思うんですが、（普通の人は）けっこう、先入観で、常識的にそう見えるものを信じてしまう。

だから、「地球のほうが、むしろ、自転しているんじゃないか。太陽じゃなくて、地球のほうが回っているんじゃないか」という地動説にしても、そうです。「太陽が東から昇《のぼ》って西に沈《しず》む」というのは、誰が見たって、そうなんですよね。これは、イタリアで見ても、イギリスで見ても、日本で見ても、アメリカで見ても、太陽は東から昇って西に沈む。まったく同じですよね。

どこの地域で見ても一緒《いっしょ》で、太陽は東から昇って西に沈み、地球の周りを太陽が回っているように見える。

それは目の錯覚《さっかく》ではあるんだけども、みんなは、「それが事実だ」と思い、刷り込まれていて動かない。

でも、これが事実でないことに、私の時代よりも、もっと早い時代、紀元前から気づいていた人は実際にいたんですよね。

地球が「球《きゅう》」であることを認めさせることの大変さ

ガリレオ　その前提には、まず、地球が球《きゅう》であることを知っていなければいけないですよね。「地球は球である」ということを認めさせるのも、なかなか大変なことであったわけです。

私の時代と重なるところもありますが、ちょうど直前ぐらいの大航海時代と言われるときに、「反対側から行っても、同じ所に着けるかどうかをやってみれば、地球が球であるかが分かる」みたいなことを、航海実験でやっていました。

例えば、東に向かえばインドに行けるけど、西から行ってもインドに行けるかどうかを見れば、地球がつながっているのが分かるから、「球だ」ということの説明の一つにはなりますよね。

でも、もっと昔から気づいていた人はいた。水平線に船がだんだん〝沈んで〟

いって見えなくなる、つまり、マストがだんだん〝沈んで〟いき、消えていくのを見て、「海は平らではなく、実は湾曲《わんきょく》しているんじゃないか」と考える人はいた。

また、エラトステネス（紀元前三世紀ごろにエジプトで活躍《かつやく》したギリシャ人の学者）は、「エジプトのある場所では、夏至《げし》の日に太陽が井戸《いど》の底に映るけども、アレクサンドリアでは映らない」ということを知り、「もし、地球が平らであれば、その時刻が来たら太陽の光が同じように当たるはずなのに、当たらない所もあるということは、地球は、やはり曲がっているのではないか」と考えた。

そして、エラトステネスは、地球の直径や全周まで概算《がいさん》で出しています。現在とほとんど同じ数字を出していますよね。

当時、こういうことが分かっている人もいたけど、教会の人だけと言わず、一般の人にも、（地球が球であることを）説得できない事実はありましたよね。

嫉妬《しっと》の原理で「自分たちにできないこと」を否定する教会

ガリレオ　教会の人には、「自分たちの常識」を、「イエスの教え」と一緒にしてしまうところもあります。

だから、『聖書』には、「イエスの時代に奇跡が起きた」ということが書かれているけども、「イエス以外の時代には起きないのだ」という方向に持っていきたがる。もし、起きるんだったら、教皇である自分に起こせなければいけないし、大司教や司教など、教会で地位のある人たちが、病気を治せたり、水をワインに変えたりできなきゃいけないわけですね。

里村　なるほど。

ガリレオ　しかし、「それができない」ということは、やはり、否定されるおそれがあります。普通の嫉妬《しっと》の原理として、「一般の世界で、そういうことのできる人が出てくることを好まない」というのはありえることですね。

「それでも地球は動く」と語ったガリレオの真意

里村　ガリレオ先生は、キリスト教会、バチカンによって、二回、大きな裁判にかけられました。二回目の裁判のあとに、「それでも地球は動く」という名言をおっしゃったとのことですが、この言葉は、現代の日本においては、本当に小さい子供でも知っています。

ガリレオ　いや、それが科学的に真理であることは、もう疑いようがなく、分かっていたことなのでね。

それは、教会の人にどれだけ言っても分からないだけなので、これについては、「時代が来るのを待つしかないかな。一定の時期が来れば、もっと分かるように説明できる人も出てくるだろう」と思っていました。

実際に宇宙に出ることができた今では、（地動説を）疑う人はいないよね。宇宙に出て、成層圏《けん》外から地球を眺《なが》めたら、地球が球体で回っていることぐらい、誰が見ても分かるけど、（地上に）住んでいる人は信じないのが普通ですよ。だって、「地球が球体で回っているなら、暴風で吹《ふ》き飛ばされるはずだし、裏側へ行った人は落ちるはずだ」と思うものね。

里村　そうですねえ。

ガリレオ　それは、（普通の人間の）実感からすると考えられないことなので、それこそ、「そんなばかな。非科学的なことを言うんじゃない」という言い方をするわけですが、「科学」という言葉は、時折、「常識感覚」という言葉に置き換《か》えられているわけです。

でも、今で言えば、私がやったようなことのほうが、逆に、〝宗教〟かもしれないからねえ。

あなたがたは、「未知なるもの」を探究しようとされているでしょう?

里村　はい。

ガリレオ　今はまだ、証明されていないものや、「常識」が認めないものを認めさせようとして、やっているでしょう?　こちらの態度のほうに、私は近いわけです。私の考えは、そういうものを「否定する側」にではなく、いつも「否定される側」にあったんです。

「イエスの奇跡《きせき》」を科学者はどう捉《とら》えるべきか

里村　そうしますと、先生ご自身については、「生前、非常に敬虔《けいけん》なクリスチャンでもあった」という話も伝わっているのですが、「『宗教』と『科学』のあるべき関係」に関しては、どのようにお考えになっているのでしょうか。

ガリレオ　うーん、いや、それは……。

里村　今は、どちかと言うと、対立軸《じく》のようになっているのですが。

ガリレオ　イエス様が説かれたことは少ないし、科学的な実験のようなことをしていたわけでもありませんので、「信仰《しんこう》は、科学法則に反する」というように思っている人が多いことも事実です。

だから、「イエスは水の上を歩いた」とか、先ほど言った、「水がワインに変わる」とかいうようなことも、あってはならないことですね。これは、科学というよりもケミカル（化学）のほうですが、（水とワインでは）組成が違《ちが》うのだから、そんなことはありえないことでしょう。

それに、「死んだ者が復活する」という話や「（イエスが）天に昇っていった」という話もありますけれども、肉体が復活して天に昇っていくようなことは、ありえないことですよね。『聖書』には、そのように、ありえないことがたくさん書かれています。

だけど、（後世の人々は）「その『ありえないこと』は、『神の子の証明』として、例外的にあったのだ。『神の全知全能性』を示すために、あの瞬間《しゅんかん》にあっただけなのだ。ほかの人には、あってはならないことなのだ」というように考えていたわけです。

どうだろうねえ……。もし、イエスが違う職業の家に生まれていたら、違ったこともありえたかもしれませんがね。

（イエスの行った）奇跡《きせき》として、『聖書』には、「『魚が一匹《いっぴき》も獲《と》れません』と漁師が言っているところに、イエスが来て、『あそこに行って獲れ。網《あみ》を打てば獲れる』と、湖面を指さした。『いいえ、先生、獲れないのは分かっています』と言いながらも、そこに網を打ってみたら、ものすごい量の魚が獲れて大漁だった」とか、「イエスがパンや魚を割《さ》いて分けたら、五千人がお腹《なか》いっぱいになった」とか、こんなものは見たことがない現象ですよね。だから、「ありえない」と言っているわけです。

科学的なことを言う最近の宗教のなかには、「イエスが使ったのは宇宙食だ」

などと言う人もいます。「宇宙食は、水を注入すると量が増えて、大勢の人が食べられるようになる」などと言う宗教もあると聞いておりますけどもね。

まあ、不思議ですよねえ。だから、一般的な常識で考えれば、それは、迷信《めいしん》の塊のようでもあるし、科学に反することのようにも思われる。

また、科学には、「繰《く》り返し繰り返し実験をして、何度でも同じことが起きなければ、正しくない」というふうに考える傾向《けいこう》がある。「『イエスのときだけ、一回起こった』ということでは、科学としては認めない。それは、信仰の世界だ。信仰の世界はあってても構わないけれども、科学ではないので、万人《ばんにん》が学ぶべき常識とは考えられない」と、まあ、こういうふうに考えるわけですね。

5 「霊界《れいかい》科学」を開くために必要なこと

「霊魂《れいこん》の重さは三十五グラム」という実験は本当か

綾織　先ほど、「科学は、かなり遅《おく》れている」というお話がありましたが……。

ガリレオ　遅れていますよ。

綾織　今、「幸福の科学」も、科学的探究の一環《いっかん》として、徹底《てってい》的な「霊界《れいかい》の証明」を続けているところなのですが、もし、そうしたものを、現代の科学の側から、証明あるいは解明していく糸口があるとしたら、どのようなアプローチがありうるのでしょうか。これは、もう少し将来のことになるのかもしれませんが。

ガリレオ　まあ、霊魂《れいこん》の重さを量った人などもいるらしいですけどもね。

綾織　はい、はい。

里村　いますねえ。はい。

ガリレオ　「死ぬ間際《まぎわ》の人を体重計に載《の》せると、死んだ瞬間《しゅんかん》に三十五グラムほど体重が減る。これは、魂《たましい》が抜《ぬ》けた証拠《しょうこ》だ」というような話だけど、これはちょっと分からないですよ。水分が蒸発したのかもしれないしね（笑）。死んだ瞬間に、その人の体から、何か、液体なり残留物なりが外に出されることだって、

「ない」とは言えませんから、ちょっと分かりません。

霊魂に重さがあるのかどうか、私は知りませんけど、「重さがある」と言っているほうが、むしろ、おかしいのかもしれません。まあ、感覚的には、「死体のほうが少し軽く感じられる」ということはあるらしいですけどね。

「心霊《しんれい》現象」を認められない科学者たちの自縄自縛《じじょうじばく》

ガリレオ　それで、今、生と死を分かつものとしては、例えば、「心臓からの電流が出なくなって、（心電図モニターが）ピーッと鳴り、脈拍《みゃくはく》の波形が止まる」とか、「呼吸をしなくなる」とかいうものがあります。あるいは、今は、「脳波が出なくなる」ということが中心になっているのかな？「脳死」というものもあるようだけど、「人間の命の根源、すなわち、『魂』や『心』と言われるものは、『脳』にある」と思っている科学者が、ほとんどになりつつあるようです。

これは、彼ら自身も、ある意味でのトリックにかかっているわけです。

つまり、「自分たちが解剖《かいぼう》して確かめられるもの以外は、真実ではない」という考えにとらわれているために、解剖して調べるものは、頭蓋骨《ずがいこつ》や頭皮、神経や脳みその部分等だけになっている。これらは解剖して捉《とら》えられるけど、それ以外のもの（霊魂）は取り出せないからねえ。

そのように、自分らでつくった〝法則〟で、自分らが縛《しば》られているような面があります。要するに、「心霊《しんれい》現象など、起きてはいけない」と教会が言っているのと同じようなところが、（今の科学者にも）あるような気がしますけどね。

確かに、『旧約聖書』には、「神は、土から人間をつくられた。土をこねて人型にし、息を吹《ふ》き込《こ》んで、アダムをつくった。そして、アダムの肋骨《ろっこつ》を取って、イブをつくった」というようなことが書かれていますが、そういうことは、現代的にはありえないことですね。現代的には、「『土を固めて土人形をつくり、息を吹き込んだら人間になった』というようなことがあるわけではなく、それは比喩《ひゆ》的なものだ」と理解しているんでしょう。

まあ、「地球にあるいろいろな成分、栄養素等で肉体ができていて、そのなかに、神が魂を吹き込まれた」というように考えるのが筋だろうとは思いますが、その魂というものが、目には見えないのでねえ。そういうところがあります。

プラズマ発生装置では「人魂《ひとだま》の正体」を証明し切れない

ガリレオ　あと、「人魂《ひとだま》」というのかな？　まあ、「あれが人間の魂だ」という説もあるけども、実験にちょうどよいようには、なかなか出てきてくれないからね。

そういうものは、夏の夜、涼《すず》むにはうってつけの話として語られていて、「お墓の上を飛んでいた」とか、「死んだ人の家から、人魂が出ていった」とか言われていますけど、これも、今は、「プラズマだ」と言われていて、人魂みたいなものを実験でつくることもできますよね。

里村　そうですね。

ガリレオ　しかし、お墓にプラズマをつくる機械は存在しませんし（会場笑）、人が死んだ家に、物理学者がプラズマをつくる機械を持ち込んで、人魂をつくって飛ばしているわけでもないでしょう。だから、そういう似たものをつくれるからと言って、「それが人魂の正体だ」とは言えないと思うんですよ。

まあ、この「魂の存在証明」のところはなかなかできないんですが、今、私らが理解しているように、「魂は、本来、次元の違《ちが》う世界の存在である」と考えれば、「三次元の方法でもって捕獲《ほかく》し、証明することはできない」というのも分からないことではありません。

里村　やはり、科学が遅れているわけですね。

科学とは「道具を使う宗教」でもある

里村　そうしますと、これは近藤から訊《き》いたほうがよいことかもしれませんが、これからの科学の方向性、あるいは分野など、今後の科学の行き先について、先生のお考えやヒントなどが何かございましたら、お教えいただきたいと思います。

ガリレオ　いや、ここまで来たのなら、もう開き直って、霊魂を科学的に証明してしまったほうがいいんじゃないですかねえ。徹底的に存在証明をしてしまったほうがいいです。

里村　ああ、それは、私たち幸福の科学の……。

ガリレオ　うん、そうそう。やったほうがいいです。

里村　はい。それはもう、どんどん進めていきますし、啓蒙《けいもう》もしていくつもりなのですが、ガリレオ先生から、科学全般《ぜんぱん》、サイエンスを見たときに、これからの二十一世紀、二十二世紀の科学の方向性について、何かヒントを頂けないでしょうか。

ガリレオ　いやあ、だからねえ、「非論理的なものは信じられない。科学ではない」と言うけれど、実は、そうではないんじゃないですかね。「予算が付かないものは信じられない」というのが、科学の現状ですよ。「予算がない。なければ証明できない」というわけです。

「合理的でないから証明できない」とか、「非論理的だから証明できない」とかいうのではなく、「予算がないから証明できない」というのが、ほとんどの場合ですね。

科学には、かなり気の長い実験が必要です。仮説をたくさん立て、実験を繰《く》り返し、実証していかなければなりませんので、「根気」と「人の労力」、それから、「いろいろな実験材料や道具、機械類」が要《い》ります。

宗教はそんなに道具を使わないのかもしれませんけども、科学というのは、ある意味では、「道具を使う宗教」だと、私は思っていますよ。うーん。「道具を使う宗教」じゃないですかねえ。

幸福の科学大学では「徹底的《てってい》な霊界研究《れいかい》」を

近藤　先ほど、「霊界《れいかい》というものを徹底的《てってい》に探究していきなさい」というお話がございましたが、何か、そのあたりの糸口となるものはあるでしょうか。

例えば、「近い将来、あの世にいる霊人《れいじん》と話ができる、霊界通信機のような装置が発明されるのではないか」という話などもあるのですが（前掲《ぜんけい》『黄金の法』参照）。

ガリレオ　まあ、エジソンさんが、晩年、考えておられたんだから、彼につくらせたらいいんじゃないですか。ちゃんとつくり方を教えてもらってはどうですか。

近藤　はい。それから、先ほど、「想念」のお話などもございました。

霊界では常識となっていて当たり前のことかもしれませんが、「思いの力でもって物を動かす」ということや、「物質化現象」など、この世では「奇跡《きせき》」だと思われているような、さまざまな現象を、もっともっと解明していく必要があるかと思っています。そのあたりのテーマについては、何か方向性なり、手がかりなりがございますでしょうか。

ガリレオ　例えば、「人が死んだときに、幽霊《ゆうれい》となって、家族の前に現れる」など、虫の知らせみたいなものは数多く報告されています。報告例としてはたくさんあると思うんですが、これは、必ず事後のことになっていますね。終わったあとの報告になっています。事前に待ち構えていたところに、「現れた！」というような感じにはできませんのでね。

だから、幸福の科学の職員たちは、死にそうになったら、事前に幸福の科学大学の実験室のほうへご移動いただき（会場笑）、「死んだあとに何ができるか」を、頑張《がんば》ってやってもらったらいいんです。

里村　なるほど（笑）。

ガリレオ　いろいろな実験道具をたくさん置いておいて、死んだあと、霊体《れいたい》になってから、何がどこまで可能なのか、ひととおりトライしてもらう。念力《ねんりき》が強い人だと、もしかすると、音を鳴らすなど、何かできる可能性はありますよ。何か現象を起こすことができる人もいるかもしれない。これを繰り返しやるんです。今は、ずーっと撮影《さつえい》することもできますのでね。

だから、「死にそうになったら、実験台として、そっち（大学の実験室）に送られる」という研究方法が、一つ、あってもいいんじゃないですかね（笑）。

里村　それは、死んだあとの献体《けんたい》ではなく、死ぬ前の献体ということですか。

ガリレオ　うん、そうそう。死んでからあとに起きたことは、必ず事後報告になってしまって分からないから、事前に、「『死んだら何ができるか』を心に準備してから死ぬ」ということですよ。

里村　ええ、ええ。

ガリレオ　例えば、何か伝えるための暗号を死ぬ本人には事前に教え、「死んだら必ず、誰《だれ》それさんのところに行って、この暗号を伝えよ」と言っておく。そして、（通信を）受ける相手には、そのことを教えないでおいて、ちゃんと受けられるかどうかの実験をする。
こういうものも、ある程度、数をためていくと、分かってくる可能性はありますよね。だけど、失敗する人も出る（笑）だろうから、まあ、現実には、どこまでできるかは分かりませんけどね。
人魂も、いまだに、はっきりとは分からないけども、現実に「見た」という人は大勢いるんですよね。

里村　ええ。

ガリレオ　まあ、ＵＦＯと一緒《いっしょ》で、「『見た』という人はいるけれども、つかまえた人はいない」というものですね。これが、籠《かご》に入れてつかまえておけるなら、人にも見せられるのですが、そこから抜けていきますからね。

しかし、このへんにだって、かなり科学的な部分もあるんでしょうから、「死んだら、人魂になってください」と頼《たの》んでおいて、それが出たら、できるだけ撮影する。「このあたりに、うまいこと出てください」と頼んでおいて、人魂が出たら（センサーを）差し込んで、温度が測れるようにしておくとかですねえ。

ガリレオと「宇宙人」とのかかわり

里村　今、期せずして、ＵＦＯという言葉が出ましたが、ガリレオ先生は、ご生前、地上にいらしたときに、宇宙人と接触《せっしょく》されていたのではないでしょうか。

ガリレオ　うーん……、君ぃ、そういう言い方は、まずいんじゃないか？

里村　まずいと申しますと？

ガリレオ　ガリレオの〝変心〟に当たるんじゃないか。

里村　（笑）

ガリレオ　やはり、繰り返しできるものでなければ、信じてはいけない。

里村　私は、ガリレオ先生の書かれた『星界の報告』等を読んだときに、「そういうコンタクトがあったのではないか」と感じたのです。

ガリレオ　ヘッヘッヘッヘッヘッ。というよりは、私が宇宙人だったのだよ。

里村　はい?

ガリレオ　……って言ったらどうする?　フッハハハハ。

里村　いや、幸福の科学のリーディングで、ある宇宙人が、「ガリレオ先生は、蟹座《かにざ》の宇宙人であられた」と語っているのです（『宇宙からの使者』〔幸福の科学出版刊〕参照）。

ガリレオ　そんなことを言うやつがいるのか?

里村　はい。

ガリレオ　ふーん。

里村　いかがでしょうか。ガリレオ先生は、地球に来る前に……。

ガリレオ　蟹座の宇宙人であって、金星で「カエルの解剖実験」をやったとか？

里村　いやいや（笑）（会場笑）。

カエルの解剖はさておき、ガリレオ先生は、地球にいらっしゃって、初めて、「ガリレオ」として生まれられたのではないですか。

ガリレオ　ハッ！　まあ、そういうわけではないけど、天体観測をするなど、星にいろいろな関心があった以上、私が生きている間に、私をウオッチしていた

「ウオッチャー」がいたことは事実のようだね。

里村　ああ、ウオッチャーがいたのですね。

ガリレオ　宇宙からのウオッチャーはいたよね。やはり、真実を広めさせようとしていた人がいた。まあ、「人」というか、「宇宙人」かなあ。

つまり、宇宙から来ている存在のなかに、「地球の文明の進化のためには、地球が球体で自転し、太陽の周りを公転している姿ぐらい、早く知らないと、次の時代に入れない」ということで、私をせかしていた人がいたようには思いますね。

綾織　ご生前、それを、ある程度、認識されていたのでしょうか。

ガリレオ　いや、それはない。

その認識はないけども、まあ、天体望遠鏡で、毎日、観《み》ていたら、やっぱり、ちょっと（宇宙人と）似てきますよね。

里村　ええ。そのウオッチャーは、どちらの星の方なのでしょうか。

ガリレオ　まあ、彼らは、私らが認識できる範囲《はんい》でしか言わないから、よくは分からないんだけど、金星あたりから来たような言い方はしていたように思う。

里村　金星からですか。

ガリレオ　だけど、本当かどうかは分からない。それは、同時代人として、私らに分かる範囲で言ってたのかもしれないですけどもね。

幸福の科学の「科学的態度」を認めるガリレオ

里村　そういう方ともコミュニケーションがあったガリレオ先生は、霊界に還《かえ》られたあと、どんなご様子だったのでしょうか。

ガリレオ　学んだことは、いっぱいありますよ。

霊界へ還ってから学んだことは、たくさんあるけれども、それを言うと、「ガリレオの変心」に当たることになるので、実に言いにくいことばかりです。

里村　今日は、そのことについて、ぜひ……。

ガリレオ　あ?

里村　そもそも、タイトルが「ガリレオの変心」ですので、そこを、ぜひ、新しい科学のためにも教えていただけないでしょうか。

ガリレオ　「ガリレオシリーズ」の視聴率《しちょうりつ》が落ちたら、私の責任になる。

里村　落ちても、全然、構いません(会場笑)。

ガリレオ　「ガリレオって、こんなに、非論理的、非科学的、非合理的な人間だったんだ」っていうことで……。

綾織　それが、新しい科学のきっかけになりますので。

ガリレオ　え？

里村　むしろ、それが、これからの科学の方向性だと思います。

ガリレオ　いや、私はねえ、「幸福の科学さんが、いろんな人の霊言《れいげん》を録《と》って、実証を積み重ねているのは、科学的態度だ」と思いますよ。実に科学的態度だと思います。

その証拠は、公開で収録して残しているわけだ。創作で書いてなくて、ちゃんと記録として遺《のこ》っているし、外の人だって（収録映像を）見ようと思えば見ることもできる。さらに親切なことに、本にして一般の人も読めるようにしておられる。〝タネ明かし〟を全部しておられるのでね。

まあ、「科学的な証明」ということはなかなか難しいが、少なくとも、「繰り返しできる」ということは実証しているわね。

里村　はい。

ガリレオ　繰り返しできることは実証しているし、どの世界から来るかは、さまざまではあるけれども、事実上、呼べない霊はないかたちにはなっている。

これは、かなり、科学的証明に近いところまで来ていると思うんですよ。

だけど、あの世が本当になければ、いかなることをやっても、駄目《だめ》は駄目なんですよね。

だから、「ある特定の人が、死んだ父親の生年月日や、姿形、財産、学校、友達関係などの資料を持っている。この内容を当てられるかどうかで、本物かどうかが調べられる」みたいなことを、いくらやっても駄目なんですよ。こんなものは、事前に情報をもらっていれば分かることだし、いくらでも詐欺《さぎ》的手段でやれるから、決して証明にはならないんですよね。

まあ、そのへんが難しいところですねえ。

「霊界通信《れいかい》」を受けるための条件とは

ガリレオ　あと、科学的にこれ（証明）がやれるかどうかですが、多少は説明できているところがあるのかなあと思うんですよ。

例えば、旧《ふる》い宗教が言っていることと一致《いっち》しているところもあります。

イエスだって、「神を見たくば、心清くあれ」と言っていますよね。『聖書』のなかで、「心清き者は神を見るであろう」と語っています。

ほかの宗教でも似たようなところがあって、仏教では、「無我《むが》になれ」と言っているし、日本の神道《しんとう》でも、「澄《す》み切った心が大事だ」と言っていますね。いろんな宗教で言っていることは、みんな一緒です。

幸福の科学も、「反省して、心の曇《くも》りを取り除き、透明《とうめい》になれば、要するに、守護霊《しゅごれい》や指導霊の通信を受けられるようになるけども、心が悪ければ、地獄《じごく》界の者を引き付けることもある」と言っていますね。

まあ、そういう霊体験は豊富にあるわけですよ。

ただ、今もバチカンには、エクソシスト（悪魔祓《あくまばら》い師）が公式に存在してはおりますけれども、戦うための武器が、『聖書』と「十字架《じゅうじか》」と「聖水」ぐらいしかないですよね。しかも、「聖水」をかけたり、『聖書』や「十字架」を見せたりすれば悪魔が逃《に》げると思っているので、私は、ちょっと心配なんです。〝商売〟で悪魔をやっているんであれば、数々の聖職者を騙《だま》してきたはずであろうから、実際には、『聖書』も「十字架」も「聖水」も、何も怖《こわ》くはないと思うんですけどねえ。

一方、幸福の科学のほうは、実に簡単に、「言葉」にて彼らの相手をし、撃退《げきたい》していますよね。これなんかも、恐《おそ》るべきことであろうとは思うんです。

6　「啓蒙《けいもう》時代」が始まった理由

「迷信《めいしん》の部分」が後退し、実証的な「科学の精神」が台頭した

里村　不思議なことに、十六世紀から十七世紀にかけて、ガリレオ先生をはじめ、コペルニクス、ケプラー、ニュートンらが、きら星のように出てきて、「地球と宇宙とのかかわり」が、どんどん、明らかになっていきました。

また、日本にも、ニュートンと同時代に、関孝和《せきたかかず》という、天才的な数学者や、渋川春海《しぶかわはるみ》という、地動説を取り入れて日本製の暦《こよみ》をつくった人が生まれていま す。「キリスト教社会の西洋よりも、日本のほうが、キリスト教の軛《くびき》がなかった分、地動説を早く取り入れられた」という話を聞いたこともあります。

この時代に、こういう天才たちが続々《ぞくぞく》と生まれたのは、天上界《てんじょうかい》で、どなたかが意図されたことなのでしょうか。

ガリレオ　今、宇宙時代が開《ひら》けていますが、それが来ることを、すでに予見していた人はいたわけで、「宇宙時代が来る前に、その準備が始まっていた」と言うべきでしょうね。

それから、いろいろな機械類ができた影響《えいきょう》もあるけど、先ほどの大航海時代じゃないですが、やはり、世界一周ができるようになって見えてきたことがある。とても言いにくいんだけれども、人々は何千年間も洗脳されていました。

名を挙げていいかどうか、知りませんが、私やコペルニクスなど、幾人《いくにん》かの科学者たちが、実際の観察に基《もと》づいて、「事実は、こうだ」と言っていることを、教会は、ずっと抑《おさ》え込《こ》んでいました。

しかし、やがて、それを抑え切れなくなってきた。つまり、繰《く》り返し観察して証明できるものについて、それを信じる人の数が増えてきたわけですね。

その結果、「迷信《めいしん》の部分」が後退していき、実証的な「科学の精神」が台頭しましたし、それが社会科学にも入り、「実用的なものを世の中につくっていこう」という、実用哲学《てつがく》的なプラグマティズムの動きになっていきましたよね。

例えば、列車や鉄の船、蒸気機関をつくることだって、その流れにあるよね。鉄や合金など、金属の塊《かたまり》が空を飛ぶなんて、以前には考えられないことだったし、浮力《ふりょく》の発見がなければ、鉄の船が浮《う》くことも理解できなかったわけだね。

要するに、「啓蒙《けいもう》時代」に入ったわけですよ。

啓蒙《けいもう》時代の根本《こんぽん》は「知識の共有」

ガリレオ　そして、啓蒙《けいもう》時代の根本《こんぽん》は何かというと、それは基本的に「知識の共有」なんですよ。

昔、知識は、貴族階級や教会など一部の人たちによって独占《どくせん》され、ほかの人には開放されていませんでした。ところが、隠《かく》されていた知識が、啓蒙時代になると、一般《いっぱん》の人にも共有されるようになりました。印刷技術などによって、万人《ばんにん》に、ある程度、知識の基盤《きばん》が与《あた》えられ、その結果、一般の人々のなかで、才能のある者が、新しい発明や発見をするようになってきたわけですね。

例えば、教会に限れば、修道士としての考え方や作法が決まっていて、それを破ることはできないわけだけど、教会から一般のほうに知識が開放されると、それを打ち破る者が出てくる。

しかし、人類にとって、「知識や経験の積み重ね」ができるようになったことは大きいと思うんですね。「積み上げては壊《こわ》し、積み上げては壊し」という状態から、壊さずに積み上げていけるようになった。これは大きいでしょうね。

里村　「隠された知識から知識の共有へ」というご指摘《してき》でしたが、理系の天才たちを送り込んだ〝プロデューサー〟は、どなたなのでしょうか。

ガリレオ　うーん……。上のほうの〝あれ〟には、どうしても、よく分からないところはあるんですけどねえ。

まあ、時代の流れみたいなものをつくっているところは、あることはあるので、「こういう方向に時代を持っていこう」ということを、霊界《れいかい》の上のほうで決めているようですし、それに沿って、いろいろな人たちが生まれてくるようではありますね。科学者自体は、紀元前から存在はしておりますのでね。

7 「ＵＦＯの原理」開発へのヒント

科学者は、「神がどうされたか」を本当は考えている

近藤　今後の「科学の方向性」については、どのようにお考えでしょうか。冒頭《ぼうとう》のほうで、「重力は実に不思議なものである」とおっしゃられましたが、このへんは「ＵＦＯの原理」ともかかわってくると思います。これも含《ふく》めて、「科学の方向性」や「時代の流れ」について、どう感じておられるのでしょうか。

ガリレオ　科学においては、研究範囲《はんい》を広げれば広げるほど、実際に証明できることが少なくなっていき、ほとんどが仮説になってくるんですよね。実際上、実

験なんかできないものも多いんですよ。例えば、星に関して言えば、星が生まれたり消滅《しょうめつ》したりするところを、実験でやれるもんじゃありません。

宇宙についても、科学者たちは、いろいろな仮説をつくっているけれど、仮説の奥《おく》にあるものは何か。

唯物論《ゆいぶつろん》者の科学者もいるでしょうが、科学者は、みな、本当は、「神がどうされたか」ということを考えているんじゃないかと思うんですよ。

中世の教会が科学者を弾圧《だんあつ》した背景には、「神が創った世界は完全であるから、不完全なものが存在するわけがない」という考え方がありましたね。

例えば、惑星《わくせい》は、焦点《しょうてん》が二つある楕円軌道《だえんきどう》で太陽の周りを周回していますが、教会は、「こういうことは、神がつくった完全な世界には、あってはならない」と決めつけてくる。ドグマ（教条）だね。

「円で動くものは完全だが、楕円は完全ではない」と言うけど、そんなことは別に『聖書』には書いてありません。思い込《こ》みです。「神は、本当に円だけを『美しい』と思っていて、楕円を『美しい』とは思っていないのかどうか」ということは、誰《だれ》も神に訊《き》いていないので、分からないはずです。

神は、スマートな人を「美しい」と見て、スマートではない人を、「美しくない」と見ているかどうか。これについても、やはり、神に訊いてみないと分からないんですよ。神は、「丸みのある人のほうが美しい」と思っておられるかもしれないし、「細い人のほうが美しい」と思っておられるかもしれないけど、訊かなければ分かりません。

また、「眼鏡《めがね》をかけていない人より、眼鏡をかけている人が美しい」と思っておられる可能性だってあるわけです。

だから、「ドグマとの戦い」ですね。

教会には、「神が創った世界は完全でなくてはいけない」というような思い込みや先入観が、すごくあったんじゃないでしょうかね。だけど、現実に人間社会で起きることは必ずしも完全ではありません。だから、「全部が完全でなくてはいけない」という考えは、やはり、おかしいですわね。

重力をコントロールできれば、「UFOの原理」は開発可能

里村　今後、科学は、重力をコントロールする方向に進んでいくのでしょうか。米軍などは、そういうことを兵器等に応用しようとしているようですが。

ガリレオ　それは、「小さな地球」をつくれば、できるでしょうねえ。なぜ地球に重力が働いているか……。

地球の中心部では、さまざまな岩石が、圧力でぶつかり合ったりして圧縮され、

電磁波を帯びて電磁石のようになり、いろいろと電磁場ができているでしょう。そして、磁石の周りに砂鉄を置けば縞模様《しま》ができるけど、おそらく、そのようなかたちで、地球の周りには、電磁場による層がたくさん出来上がっていると思うんですね。

おそらく、このへんにヒントがある。それらが持っている電気的な性質に反発するものをぶつければ、たぶん、重力のコントロールはできるはずなんですね。

磁石で言えば、Ｓ極とＮ極があり、「反発し合うもの」と「引き合うもの」があることは分かっているでしょう？　「反発し合うもの」と「引き合うもの」とを上手に調整できれば、重力から離《はな》れたり戻《もど》ったりすることのコントロールは可能なはずですね。

だから、これは、ある程度、可能な範囲内に入っていると思う。

地球は、土や岩石、溶岩《ようがん》等で出来上がっているものですけれども、似たような帯電現象を機械で起こし、S極・N極のような、引き合ったり反発し合ったりする性質を調整する装置をつくれば、いわゆる「UFOの原理」は開発できるはずですね。

里村　なるほど。ありがとうございます。

近藤　実に興味深いお話を、聴《き》かせていただきました。

8 「ガリレオの転生《てんしょう》」について探《さぐ》る

「それでも、私は生まれ変わる」は宗教家が言うべき言葉？

綾織 「真理の探究」の一つとして、お伺《うかが》いさせていただきます。
ガリレオ先生は、過去にも、科学と信仰《しんこう》を両立させる立場で、人生を経験されてきたのではないかと推察されるのですが、ガリレオ以前、あるいは以後の生まれ変わりについて、教えていただけますでしょうか。

ガリレオ そうですねえ。あなたがたは、一般《いっぱん》に、物理学者の嫌《きら》う方向に走る傾《けい》向《こう》をお持ちのようですね。そういう質問の相手をしていると、だいたい疑ってくるのが彼らの性質なのでね。

里村　先生、「それでも、人は生まれ変わる」ということで……（会場笑）。

ガリレオ　（苦笑）そんなこと……。これは宗教家が言うべき言葉かもしれない。キリスト教会がまだ認めていないもの（転生輪廻《てんしょうりんね》）について言うのは、ちょっと、科学者の分《ぶん》を過ぎているようには……。

里村　キリスト教会のことは気にされないで結構です。大丈夫《だいじょうぶ》です。

ガリレオ　キリスト教会が嫌ってもいいわけ？　あのねえ、信じないと、あそこは、お墓に入れてくれないのよ。だから、困るんだよ。ああいう強制力は、きついね。破門されたら、お墓に埋葬《まいそう》されないんだから、ひどい話ですよね。
あなたがたは、そんなに不寛容《ふかんよう》じゃないよね。
それでも、私は生まれ変わる？

里村　はい。

ガリレオ　ぬううう。うーん。「それでも、私は生まれ変わる」かあ。

ガリレオの転生《てんしょう》は「その他《た》大勢の科学者」なのか

ガリレオ　昔の科学者は数が少ないから、有名な人は、そんなにいない。だから、残念だけど、まあ、私の転生《てんしょう》については、「その他《た》大勢」と思ってもらってもいいんじゃないかね。

ただ、昔であっても、多少の合理精神を持った学者はいたし、軍隊的なもので言えば、武器を製造する人などもいました。そういう者は科学者のはしりだとは思いますね。

里村　アルキメデス様も武器をつくっておられました。

ガリレオ　まあ、私なんかは、そんなに大した者じゃないんですよ。火あぶりになるのが怖《こわ》くて、自説を撤回《てっかい》するぐらいの人間ですから。勇敢《ゆうかん》にも火あぶりに遭《あ》った宗教家には、とても……。その足元にも及《およ》ばない存在ですわ。

里村　いえいえ。

ガリレオ　だから、「十字架《じゅうじか》に架かったイエスよりも、イエスを売ったユダのほうに近い存在じゃないか」と……。

里村　とんでもないことでございます。とても謙虚《けんきょ》でいらっしゃいますので……。

ガリレオ　いえいえ。私なんかは、もう、科学者としては、「いちばん下っ端《ぱ》」のほうですね。

生まれ変わるとしたら、まあ、（質問者の）近藤さんみたいな人に生まれ変わるんじゃないですかね。

里村　今日、ガリレオ先生のお話をお伺いして、「たいへん上のほうの方なのではないか」と思いました。例えば、プトレマイオス（古代ローマの天文学者・数学者）様とか……。

ガリレオ　いやあ、知りませんねえ。そんな人もいるんでしょうねえ。

科学者の霊界《れいかい》を暴《あば》くのは「最大のタブー」？

ガリレオ　君ね、「科学者の霊界《れいかい》を暴《あば》こう」というのは、ちょっと……。それは最大のタブーだよね。それは〝最後の砦《とりで》〟だね。

里村　それを聞くと、ますます知りたくなるのですが。

ガリレオ　まあ、ほかの科学者の霊を順番に呼べば、だんだん明らかになってくるかもしれませんがねえ。

里村　ギリシャの時代ですと、哲学者《てつがく》と科学者は、けっこう一致《いっち》していました。タレス（古代ギリシャの哲学者）のように……。

ガリレオ　そうだねえ。哲学者にも近いかもしれないですね。彼らは科学者でもありましたからね。アリストテレスは植物学までやっていますから。そういう、昔の思想家は、何にでも関心を持っていて、何でもやりましたからね。

　まあ、哲学者という意味では、私の過去世《かこぜ》に、そういう者もいたかもしれない。ただ、君が期待するような大物じゃない。

　名前を言ってほしければ、何か言ってもいいんだけど、「嘘《うそ》か、本当か」というのは大事なことであるからね。まあ、いろいろな科学者の霊を呼んで、その過《か》去世《こぜ》を訊《き》いているうちに、だんだん、話が矛盾《むじゅん》してきて、あとの人が苦しくなってくることもある。科学者で有名な人は数が少ないから、必ず取り合いになるよね。

そういうことが起きないよう、事前に交通整理をしておいたほうがいいと思うから、私は、「昔の、その他《た》大勢の一人でしょう」と申し上げておきます。

今は天上界《てんじょうかい》から「NASA《ナサ》」を指導している

綾織　普段《ふだん》、一緒《いっしょ》に仕事をされている方は、いらっしゃいますか。

ガリレオ　今？

綾織　はい。

ガリレオ　今、私は、けっこう、「NASA《ナサ》（アメリカ航空宇宙局）」に関係しているのよ。

綾織　NASAを指導されているのでしょうか。

ガリレオ　そうは言っても、やはり、NASAが宇宙開発の最先端《さいせんたん》なのでね。そこでは、たくさんの人が働いていますけど、当然、いろいろな科学者の霊たちも天上界《てんじょうかい》から指導はしています。

地上の人たちと一緒になって、惑星《わくせい》探検など、いろいろな実験をやっていますよ。「火星の表面を探査機が動く」とか、「こんなロボットを開発したほうがいいんじゃないか」とか、「木星の衛星には、凍《こお》りついているけど、水がかなりある」とか、こんなことも、一緒になって、やってはいます。

だから、私はＮＡＳＡの指導霊《しどうれい》の一人です。今は、主として、そちらのほうでの仕事が多いかな。それだけじゃないですけど、やや多いですね。

綾織　ぜひ、日本にも目を向けていただいて……。

ガリレオ　まあ、日本の科学者も、留学してきたら指導するかもしれないけど。

綾織　幸福の科学大学も……。

ガリレオ　ああ、幸福の科学大学ね。

近藤　ぜひ……。

ガリレオ　ここ（幸福の科学大学）に対しては、お金ができたら指導する（会場笑）。予算がないと、科学者は何もできないのでね。

現代では、いろいろな人が〝科学者〟

里村　ガリレオ先生には、「近々《ちかぢか》、また地上に生まれる」という予定はございますか。

ガリレオ　（手元の資料でガリレオの出生地を見て）「イタリア、ピザ」なんて書いてあるよ。

里村　いや、ピサです。

ガリレオ　え？　ああ、ピサか。そうか、そうか。「私はピザ屋に生まれるのか」と、今、一瞬《いっしゅん》、思ったわねえ。

いやあ、現代では、いろいろな人が〝科学者〟なんですよ。「どの温度で焼けば、いいピザが焼けるか」ということを研究し、かまどでピザを焼く技術を磨《みが》き、賞をもらったりする人も、科学者かもしれないから、そういうところに生まれる可能性もあるわね。

里村　そのへんは、今日の段階では、まだベールに包まれた状態なのですね。

ガリレオ　うーん……。だから、今、テレビと映画で「ガリレオ」をやっているんだから、私は出てはいけないのよ。「天才物理学者」が出ているんだから、それでいいんじゃないの？

里村　今日は、ガリレオ先生から、「本来の科学というものは、テレビドラマや小説の『ガリレオ』とは、方向性が少し違《ちが》うのだ」ということを教えていただいたと思います。

ガリレオ　あの役者さんは、あの世を信じている人じゃないかと思いますよ。役者さんには、「あの世を信じているけど、信じていない人の役もできる」という、芸の幅《はば》の広さがあるんじゃないでしょうかね。

役者さんを「偽《にせ》物理学者」みたいに言って、いじめてはいけないから、一言《ひとこと》、言っておくけど、「彼らは、ある程度、あの世は信じているんじゃないか」と私は思っています。

里村　ガリレオ先生の霊言集《れいげんしゅう》を、できれば役者さんたちにもお渡《わた》しできるようにしてまいります。

早稲田《わせだ》大学の大槻《おおつき》教授の霊言《れいげん》を出すとよい

ガリレオ　心霊《しんれい》現象を一生懸命《いっしょうけんめい》に否定していた、早稲田《わせだ》大学理工学部の大槻《おおつき》さん？

里村　大槻義彦《よしひこ》先生ですね。

ガリレオ　名誉《めいよ》教授かどうかは知らないけど、まあ、あの人が亡《な》くなるのを待っているといいよ。あの人が亡くなって、『大槻教授の霊言《れいげん》』というのを出したら、かなり効くと思うなあ。そうとう効くと思う。

里村　分かりました。またヒントを頂きました。

ガリレオ　ハッハハハ。

里村　今日は、長時間にわたって、お話をお伺いさせていただき、ありがとうございました。

大川隆法　（ガリレオに）ありがとうございました。

9　日本の新しい常識を「世界の常識」に

物理も数学も、宗教と対立するものではない

大川隆法　いやぁ、「大槻《おおつき》教授の霊言《れいげん》」は、なかなか、やりにくいだろうとは思いますけれどもね。

唯物《ゆいぶつ》的な物理学者が天才であるかのような言い方が流行《はや》ってくると、当会としては少し困るところもありますが、逆に、人々の関心を高める面もあります。

心霊現象に関心を持っている人もいるので、そこに〝メス〟を入れると、第三者の目には、宗教と科学の両方のマーケットから〝お客さん〟を取っているように見えるのです。

作者の東野《ひがしの》さん自身は、大阪《おおさか》府立大学の電気工学科の出身であり、以前は技術者としてメーカーに勤めていた方なので、そちらの方面の知識をお持ちなのでしょう。心霊現象と称《しょう》されるものなどのトリックを、一生懸命《いっしょうけんめい》に勉強されているようですが、逆に、「そういう現象がある」ということを説明する役もされているので、半信半疑のようなところがある人ではないかと思います。

私のほうは、別に物理も数学も否定はしておらず、「役に立つものだ」と思っています。また、それを「宗教と対立するものだ」とは決して思っていません。

ドラマでは、「ガリレオ」と呼ばれる湯川准《ゆかわじゅん》教授が数式を必死に書いていますが、それが本当に正しいのかどうか、私は、いつも関心を持って見ています。ただ、テレビ画面からは数式が十分には読み取れないので、よく分からないのです。もう少し分かるように書いていただきたいものですね。

あの俳優の方は数式を暗記して書くらしいので、けっこう大したものです。さすがは役者ですね。普通《ふつう》の人では、あのような数式を暗記して書くことは、なかなかできないでしょう。

私も、あのくらいの〝芸当〟ができれば、霊が私の体に入ったときに、数式を無意識で書くところを見せられるのですけれどもね。

まあ、一つのチャンスなので、こういうドラマが流行っているときに、アンチのものを〝撃《う》って〟おくことも、マスコミ的には大事なことではないでしょうか。

歴史上、これだけ多様な霊言《れいげん》を出した人は、私以外に存在しない

大川隆法　日本人には、「UFOの解明」や「霊界《れいかい》の解明」と聞くと、怖《こわ》がったり嫌《いや》がったりする人が多いでしょうし、「それが常識だ」と日本人は思っているでしょうが、世界の常識は違《ちが》います。「世界には、この点において、もう少し進んでいる国が多い」ということは、知っておいたほうがよいのです。

ただ、「日本の遅《おく》れているところについては、幸福の科学の活動をもって逆転する」と私は信じています。「日本の常識は世界の非常識」という、竹村健一《たけむらけんいち》さんの言葉もありますが、これから引っ繰《く》り返していくつもりです。「日本の新しい常識が世界の常識になる時代が来る」と思います。

当会は霊言集《れいげんしゅう》の広告をよく打っていますが、これだけ多様な個性の霊人《れいじん》たちの思想を、霊言集という本のかたちで出した人は、私の記憶《きおく》するかぎり、地球の歴史上、外国でも日本でも、私以外には存在しません。

「天理王命《てんりおうのみこと》」や「艮《うしとら》の金神《こんじん》」など、「正体の分からない神」が霊示《れいじ》を下ろしたものは、過去、数多くあります。

しかし、私の場合には、「霊人が、本当の名前を明らかにして、意見を言ってくる」というかたちです。これは、かなり挑戦《ちょうせん》的なやり方であろうと思います。

霊言を信じていない人のなかには、当会の霊言集の広告がたくさん新聞等に載《の》るのを見て、「どこかで〝尻尾《しっぽ》〟をつかみ、潰《つぶ》してやりたい」と思っている人もいるでしょう。当会の潜在《せんざい》的な敵は数多く存在するのではないかと思います。敵は、おそらく、宗教界の内部にも外部にも存在するでしょう。

そうした状況《じょうきょう》のなかにあって、幸福の科学出版の社長は、〝神経〟が切れているため（笑）（会場笑）、平気で広告を打ちまくっています。

ちなみに、新聞社にも左翼《さよく》と右翼があり、右寄りの新聞は、最近の人の霊言の広告も載せてくれます。一方、左翼がかった新聞になると、昔の人の霊言の広告は載せてくれますが、最近の人のものについては怖がる傾向《けいこう》にあります。

新聞社の左翼と右翼の違いは、これだけです。「古い人であれば構わない」というのが左翼系の新聞で、「最近の人でも構わない」というのが右翼系の新聞です。こうした違いがあるだけで、新聞社は、霊言そのものについては、社会的な存在として、ある程度、認める方向に動きつつはあります。

幸福の科学の霊言《れいげん》は、宗教学者にも物理学者にも分析《ぶんせき》不能

大川隆法　バチカンではないけれども、私たちには、おそらく、宗教界からの妬《ねた》みや批判も来るでしょう。また、警察や左翼系の運動家その他《た》から狙《ねら》われたりすることもあれば、心霊《しんれい》現象を徹底《てってい》的に信じていない科学者から、挑戦されたりすることもあるかもしれません。

ところで、大槻教授は当会には挑戦してきませんでしたね。むしろ、月刊「ザ・リバティ」（幸福の科学出版刊）の取材に応じてくれました（同誌二〇一一年八月号にＵＦＯ研究家との対談記事を掲載《けいさい》）。

大槻教授は、「私は宇宙人の存在を否定したことはない。それは存在して当然だ」と言っていました。ただ、「『宇宙人が地球に来ている』と言うのだったら、その証拠《しょうこ》を持ってこい」と言っていましたけどね。

ただ、当会の霊言《れいげん》はユタやイタコのものとは違います。内容がそうとう重いというか、言っている内容に含蓄《がんちく》がありますし、その背景には、私自身の教養が、いろいろなところに張り巡《めぐ》らされているのです。

これについて、宗教学者が「分析不能《ぶんせきふのう》」と言うのであれば、物理学者にも分析できるはずがありません（注。宗教学者・山折哲雄《やまおりてつお》氏の守護霊《しゅごれい》は、霊言のなかで、「幸福の科学は、自分たちの分析対象にできないほど成長した」と述べていた。『守護霊インタビュー　皇太子殿下《でんか》に次期天皇の自覚を問う』〔幸福の科学出版刊〕第2章参照）。

当会の霊言に対して、「本物か、偽物《にせもの》か」「真実か、嘘《うそ》か」を調べようとしても無理でしょう。それをしようとしたら、そうとう勉強しなくてはなりませんが、宗教学者であっても、もう分析できない状況です。なぜかというと、当会の霊言には、「政治」「経済」「外交」「軍事」「金融《きんゆう》」「文学」「日本史」「世界史」など、何でも出てくるため、勉強が追いつかないからです。

したがって、物理学者では、かなり厳しいだろうと思います。

むしろ、当会のほうが、今、科学に関心を持って研究しているぐらいです。例えば、なぜ、最近、イランで地震《じしん》が起き、中国の四川《しせん》省でも地震が起きたのでしょうか。大きい地震が立て続けに起きましたが、これが気になって、「何かあるのだろうか」と思ったりしています。

できれば、科学者とは仲良くやっていきたいものだと思っています。

質問者一同　ありがとうございました。

あとがき

小説やドラマの面白さは面白さとして一定のエンターテインメントとしての価値がある。しかし、事実は事実、真実は真実。間違った結論で日本人及び世界人類を洗脳してはならない。現代の物理学でさえ、本書中のガリレオ霊の語る通り「遅れて」いるのだ。いわば「井の中の蛙《かわず》」なのだ。真理の大海の前に謙虚であってほしい。アインシュタインも、ニュートンも、エジソンも篤い信仰心を持っていた。超一流の科学者は「神」の実在を感じざるをえないのだ。二流以下の科学者が、狭い頭で、砂場遊びを世界探検だと勘違いしているのだ。

私は宗教と科学は両立するものだと思う。少なくとも「幸福の科学」は両立させるつもりだ。当会は知識世界に対して開放系の宗教なのだ。この先に未来が拓《ひら》けると信じている。

二〇一三年　五月一日

幸福《こうふく》の科学《かがく》グループ創始者兼総裁《そうししゃけんそうさい》　大川隆法《おおかわりゅうほう》

『公開霊言 ガリレオの変心』大川隆法著作関連書籍

『黄金の法』（幸福の科学出版刊）
『進化論―150年後の真実―ダーウィン／ウォーレスの霊言―』（同右）
『宇宙からの使者』（同右）
『守護霊インタビュー 皇太子殿下に次期天皇の自覚を問う』（同右）

公開霊言《こうかいれいげん》 ガリレオの変心《へんしん》
――心霊現象は非科学的なものか――

2013年5月9日　初版第1刷

著　者　大《おお》　川《かわ》　隆《りゅう》　法《ほう》

発行所　幸福の科学出版株式会社
〒107-0052 東京都港区赤坂2丁目10番14号
TEL(03)5573-7700
http://www.irhpress.co.jp/

印刷・製本　株式会社 堀内印刷所

落丁・乱丁本はおとりかえいたします

ISBN978-4-86395-329-1 C0014

大川隆法 霊言シリーズ・遠隔透視シリーズ

遠隔透視
ネッシーは実在するか

未確認生物の正体に迫る

謎の巨大生物は、はたして実在するのか!? 世界の人々の好奇心とロマンを刺激してきた「ネッシー伝説」の真相に挑む「遠隔透視」シリーズ第3弾！

1,500円

中国「秘密軍事基地」の遠隔透視

中国人民解放軍の最高機密に迫る

人類最高の「霊能力」が未知の世界の実態を透視する第2弾！ アメリカ政府も把握できていない中国軍のトップ・シークレットに迫る。

1,500円

ネバダ州米軍基地「エリア51」の遠隔透視

アメリカ政府の最高機密に迫る

ついに、米国と宇宙人との機密が明かされる。人類最高の「霊能力」が米国のトップ・シークレットを透視する衝撃の書。

豪華装丁 函入り

10,000円

※表示価格は本体価格（税別）です。

大川隆法霊言シリーズ・日本復活への提言

渡部昇一流・潜在意識成功法

「どうしたら英語ができるようになるのか」とともに

英語学の大家にして希代の評論家・渡部昇一氏の守護霊が語った「人生成功」と「英語上達」のポイント。「知的自己実現」の真髄がここにある。

1,600円

竹村健一・逆転の成功術

元祖『電波怪獣』の本心独走

人気をつかむ方法から、今後の国際情勢の読み方まで──。テレビ全盛時代を駆け抜けた評論家・竹村健一氏の守護霊に訊く。

1,400円

長谷川慶太郎の守護霊メッセージ

緊迫する北朝鮮情勢を読む

軍事評論家・長谷川氏の守護霊が、無謀な挑発を繰り返す金正恩の胸の内を探ると同時に、アメリカ・中国・韓国・日本の動きを予測する。

1,300円

守護霊インタビュー 金正恩の本心直撃!

ミサイル発射の時期から、日米中韓への軍事戦略、中国人民解放軍との関係──。北朝鮮指導者の狙いがついに明らかになる。　【幸福実現党刊】

1,400円

幸福の科学出版

幸福の科学グループのご案内

宗教、教育、政治、出版などの活動を通じて、地球的ユートピアの実現を目指しています。

宗教法人 幸福の科学

一九八六年に立宗。一九九一年に宗教法人格を取得。信仰の対象は、地球系霊団の最高大霊、主エル・カンターレ。世界百カ国以上の国々に信者を持ち、全人類救済という尊い使命のもと、信者は、「愛」と「悟り」と「ユートピア建設」の教えの実践、伝道に励んでいます。

（二〇一三年五月現在）

愛

幸福の科学の「愛」とは、与える愛です。これは、仏教の慈悲《じひ》や布施《ふせ》の精神と同じことです。信者は、仏法真理をお伝えすることを通して、多くの方に幸福な人生を送っていただくための活動に励んでいます。

悟り

「悟り」とは、自らが仏の子であることを知るということです。教学《きょうがく》や精神統一によって心を磨き、智慧《ちえ》を得て悩みを解決すると共に、天使・菩薩《ぼさつ》の境地を目指し、より多くの人を救える力を身につけていきます。

ユートピア建設

私たち人間は、地上に理想世界を建設するという尊い使命を持って生まれてきています。社会の悪を押しとどめ、善を推し進めるために、信者はさまざまな活動に積極的に参加しています。

国内外の世界で貧困や災害、心の病で苦しんでいる人々に対しては、現地メンバーや支援団体と連携して、物心両面にわたり、あらゆる手段で手を差し伸べています。

年間約３万人の自殺者を減らすため、全国各地で街頭キャンペーンを展開しています。

公式サイト **www.withyou-hs.net**

ヘレン・ケラーを理想として活動する、ハンディキャップを持つ方とボランティアの会です。視聴覚障害者、肢体不自由な方々に仏法真理を学んでいただくための、さまざまなサポートをしています。

公式サイト **www.helen-hs.net**

教育

学校法人 幸福の科学学園

学校法人 幸福の科学学園は、幸福の科学の教育理念のもとにつくられた教育機関です。人間にとって最も大切な宗教教育の導入を通じて精神性を高めながら、ユートピア建設に貢献する人材輩出を目指しています。

幸福の科学学園

中学校・高等学校（那須本校）

2010年4月開校・栃木県那須郡（男女共学・全寮制）

TEL **0287-75-7777**

公式サイト **happy-science.ac.jp**

関西中学校・高等学校（関西校）

2013年4月開校・滋賀県大津市（男女共学・寮及び通学）

TEL **077-573-7774**

公式サイト **kansai.happy-science.ac.jp**

幸福の科学大学（仮称・設置認可申請予定）

2015年開学予定

TEL **03-6277-7248**（幸福の科学 大学準備室）

公式サイト **university.happy-science.jp**

仏法真理塾「サクセスNo.1」

小・中・高校生が、信仰教育を基礎にしながら、「勉強も『心の修行』」と考えて学んでいます。

TEL **03-5750-0747**（東京本校）

不登校児支援スクール「ネバー・マインド」

心の面からのアプローチを重視して、不登校の子供たちを支援しています。
また、障害児支援の「**ユー・アー・エンゼル！**」運動も行っています。

TEL **03-5750-1741**

エンゼルプランV

幼少時からの心の教育を大切にして、信仰をベースにした幼児教育を行っています。

TEL **03-5750-0757**

いじめから子供を守ろう！ネットワーク

学校からのいじめ追放を目指し、さまざまな社会提言をしています。また、各地でのシンポジウムや学校への啓発ポスター掲示等に取り組むNPO「いじめから子供を守ろう！ネットワーク」を支援しています。

公式サイト **mamoro.org**

相談窓口 **TEL.03-5719-2170**

ブログ **mamoro.blog86.fc2.com**

政治

幸福実現党

内《ない》憂《ゆう》外《がい》患《かん》の国難に立ち向かうべく、二〇〇九年五月に幸福実現党を立党しました。創立者である大川隆法党総裁の精神的指導のもと、宗教だけでは解決できない問題に取り組み、幸福を具体化するための力になっています。

党員の機関紙
「幸福実現NEWS」

TEL 03-6441-0754
公式サイト hr-party.jp

出版
メディア
事業

幸福の科学出版

大川隆法総裁の仏法真理の書を中心に、ビジネス、自己啓発、小説など、さまざまなジャンルの書籍・雑誌を出版しています。他にも、映画事業、文学・学術発展のための振興事業、テレビ・ラジオ番組の提供など、幸福の科学文化を広げる事業を行っています。

TEL 03-5573-7700
公式サイト irhpress.co.jp

入会のご案内

あなたも、幸福の科学に集い、ほんとうの幸福を見つけてみませんか？

幸福の科学では、大川隆法総裁が説く仏法真理をもとに、「どうすれば幸福になれるのか、また、他の人を幸福にできるのか」を学び、実践しています。

入会

大川隆法総裁の教えを信じ、学ぼうとする方なら、どなたでも入会できます。入会された方には、『入会版「正心法語」』が授与されます。（入会の奉納は1,000円目安です）

ネットでも**入会**できます。詳しくは、下記URLへ。
happy-science.jp/joinus

三帰《さんき》誓願《せいがん》

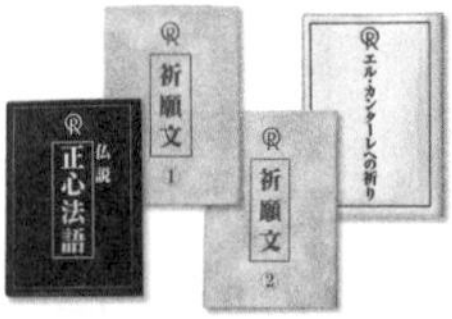

仏弟子としてさらに信仰を深めたい方は、仏・法・僧の三宝への帰依を誓う「三帰誓願式」を受けることができます。三帰誓願者には、『仏説・正心法語』『祈願文①』『祈願文②』『エル・カンターレへの祈り』が授与されます。

植福《しょくふく》の会

植福は、ユートピア建設のために、自分の富を差し出す尊い布施の行為です。布施の機会として、毎月1口1,000円からお申込みいただける、「植福の会」がございます。

「植福の会」に参加された方のうちご希望の方には、幸福の科学の小冊子（毎月1回）をお送りいたします。詳しくは、下記の電話番号までお問い合わせください。

月刊「幸福の科学」

ザ・伝道

ヤング・ブッダ

ヘルメス・エンゼルズ

INFORMATION
幸福の科学サービスセンター
TEL. **03-5793-1727**（受付時間 火～金：10～20時／土・日：10～18時）
宗教法人 幸福の科学 公式サイト **happy-science.jp**